问"技"而知新

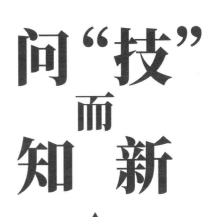

技术调查官助力知识产权
司法保护的苏州路径

江苏省苏州市中级人民法院
国家知识产权局专利局专利审查协作江苏中心
▲
组织编写

知识产权出版社
全国百佳图书出版单位
—北京—

图书在版编目（CIP）数据

问"技"而知新：技术调查官助力知识产权司法保护的苏州路径 / 江苏省苏州市中级人民法院，国家知识产权局专利局专利审查协作江苏中心组织编写 . —北京：知识产权出版社，2024.4

ISBN 978-7-5130-9279-1

Ⅰ.①问⋯　Ⅱ.①江⋯②国⋯　Ⅲ.①知识产权保护—研究—苏州　Ⅳ.① D927.533.404

中国国家版本馆 CIP 数据核字（2024）第 030428 号

责任编辑：龚　卫　　　　　　　　责任印制：刘译文
封面设计：杨杨工作室·张冀

问"技"而知新——技术调查官助力知识产权司法保护的苏州路径
WEN "JI" ER ZHIXIN——JISHU DIAOCHAGUAN ZHULI ZHISHI CHANQUAN SIFA BAOHU DE SUZHOU LUJING

江苏省苏州市中级人民法院
国家知识产权局专利局专利审查协作江苏中心　　　组织编写

出版发行：知识产权出版社 有限责任公司	网　　址：http://www.ipph.cn
电　话：010-82004826	http://www.laichushu.com
社　　址：北京市海淀区气象路 50 号院	邮　　编：100081
责编电话：010-82000860 转 8120	责编邮箱：laichushu@cnipr.com
发行电话：010-82000860 转 8101	发行传真：010-82000893
印　　刷：天津嘉恒印务有限公司	经　　销：新华书店、各大网上书店及相关专业书店
开　　本：720mm×1000mm　1/16	印　　张：13.75
版　　次：2024 年 4 月第 1 版	印　　次：2024 年 4 月第 1 次印刷
字　　数：197 千字	定　　价：78.00 元

ISBN 978-7-5130-9279-1

编　委　会

前　言

科技立则民族立，科技强则国家强。当前，世界百年未有之大变局加速演进，新一轮科技革命和产业变革正处于蓄势跃迁的关键阶段，科技创新正以空前强大的力量成为推动国家高质量发展的核心要素和大国竞争博弈的重要手段。增强知识产权案件技术事实认定的中立性、客观性和科学性，是着力提升技术类知识产权案件审判质效的关键所在，更是以高质量知识产权审判助推高水平科技自立自强的重要支撑。

2017 年 1 月，随着苏州知识产权法庭经最高人民法院批复设立，江苏省苏州市中级人民法院（以下简称"苏州中院"）即与国家知识产权局专利局专利审查协作江苏中心（以下简称"审协江苏中心"）建立战略合作，并在此基础上拓展与相关研发机构、院校以及兄弟法院三方面协作，构建了"一基三面"技术调查官苏州模式。在该模式带动下，苏州法院技术类知识产权审判能力和水平不断提升，先后有 26 个案例入选最高人民法院十大知识产权案件等全国性典型案例，连续 4 个年度同时获评中国法院十大知识产权案件和 50 件典型知识产权案例，并且在 2022 年和 2023 年全国法院技术类知识产权和反垄断案件优秀裁判文书评比中蝉联一等奖。苏州中院作为全国七家起草单位之一，承担了最高人民法院《技术调查官工作手册》部分内容的起草工作，还应邀向最高人民法院知识产权法庭派出技术调查官提供技术支持，完成了技术调查官统筹调配机制落地江苏的"第一例"。

作为该模式躬身实践的力行者，苏州中院和审协江苏中心秉持"以知促行、以行求知"的协作理念，全面总结可复制、可借鉴、可推广的工作经验，及时转化形成了这本《问"技"而知新——技术调查官助力知识产权司法保护的苏州路径》。

本书第一部分，全面收录了苏州中院和审协江苏中心建立合作以来深究理论向度、回应现实观照的学术成果。"知识产权技术调查配套机制问题研究——以技术调查官制度的推行为研究视角""技术调查官运行机制的困境与出路——以苏州路径为模型"两篇文章曾在全国知识产权优秀调研成果和全国技术调查官制度研讨会优秀论文评比中斩获佳绩,相关改革举措还入选江苏省高级人民法院《江苏法院司法改革案例选编(一)》。本书还就苏州中院全国首创技术调查官担任人民法院"特邀调解员"和"人民陪审员"的"一官二员"新机制、技术调查官轮换派驻模式下人才培养等问题进行了调研,为后续技术事实查明机制高效运转开辟了理论进路,提供了思想支撑。

本书第二部分,重点关注到技术思维与法律思维双重范式的碰撞与融合。"技术调查官技术思维与法律思维的融通——以技术秘密案件中技术事实的查明为切口""技术调查官轮换派驻模式研究""计算机领域技术调查官办案思路与技巧"等文章,通过认识论的剖析和方法论的创设,构建起"以技术思维作骨、以法律思维为节"二者各司其职、相辅相成的良性融通关系,弥补了法官精于法律研判而欠于技术素养、技术调查官洞明技术原理却不练达法律修为的现实缺憾。

本书第三部分,充分展示了苏州知识产权法庭成立以来,法官和技术调查官躬耕业务、通力协作的十大典型案例和优秀技术咨询意见,这是法庭在6000余件技术类知识产权案件好中选优的成果结晶,其背后凝聚着法官和技术调查官深入剖析技术原理、反复论证技术方案的智慧和汗水,凝结了知识产权从业者对于当前科技发展趋势的敏锐洞察和对创新创造保护的独运匠心。

一招破题开路,七载风雨兼程。站在新时代新征程上,苏州中院和审协江苏中心将始终坚持以习近平新时代中国特色社会主义思想为指导,深入贯彻习近平法治思想,继往开来、精诚合作,持续扩大技术调查官苏州模式制度优势,为多元化技术事实查明机制建设提供更多创新理念和有益经验,为广大科创主体厚植家国情怀、勇于创新争先营造良好的创新环境和营商环境。当然,囿于时间和能力所限,本书可能还存在着不当、疏漏之处,敬请批评指正。

编辑委员会

二〇二四年三月十四日

目　录

理论构建篇

知识产权技术调查配套机制问题研究

　　——以技术调查官制度的推行为研究视角 003

技术调查官运行机制的困境与出路

　　——以苏州路径为模型 042

论专利审查员任技术调查官的优势 056

专家陪审员制度在技术类知识产权诉讼中的检视与完善

　　——以苏州知识产权法庭专家陪审员参与审结的 534 件技术类

　　知识产权案件为样本 067

实践探索篇

技术调查官技术思维与法律思维的融通

　　——以技术秘密案件中技术事实的查明为切口 083

技术调查官轮换派驻模式研究 097

计算机领域技术调查官办案思路与技巧 107

电学领域技术合同纠纷案件办案思路与技巧 122

成果展示篇

典型案例

2017—2021 年技术调查官助力知识产权司法审判十大典型案例...... 137

　　一、周某诉无锡瑞之顺机械设备制造有限公司侵害发明专利权

　　纠纷案 [（2019）苏 05 知初 1122 号] 137

二、浙江优逸克机械科技有限公司诉张家港海螺水泥有限公司、
温岭市盛开物流设备科技有限公司侵害实用新型专利权纠纷案
[（2018）苏05民初第1211号]................................140

三、NCD株式会社诉江苏微导纳米科技股份有限公司
侵害发明专利权纠纷案[（2019）苏05知初339号]............142

四、上诉人天津青松华药医药有限公司与被上诉人华北制药
河北华民药业有限责任公司专利权权属纠纷案
[（2020）最高法知民终871号]................................145

五、西门子公司诉深圳市汇川技术股份有限公司、苏州汇川技术有限
公司侵害发明专利权纠纷案[（2019）苏05知初274号].....147

六、南通沪望塑料科技发展有限公司诉西安顺通虹吸排水有限公司
等侵害发明专利权纠纷案[（2019）苏05知初214号]..........150

七、昆山希盟科技股份有限公司诉厦门柯尔自动化设备有限公司、
王某等侵害技术秘密纠纷案[（2020）苏05民初432号]......153

八、苏州华印达信息科技有限公司诉镇江新天地信息科技有限公司
计算机软件开发合同纠纷案[（2019）苏05知初1220号]...156

九、新疆行远石油科技有限公司诉无锡太湖锅炉有限公司等
侵害实用新型专利权纠纷案[（2019）苏05知初790号].....159

十、四川麦克威科技有限公司诉靖江市喜盈门制造有限公司、
江苏沙钢集团有限公司等侵害发明专利权纠纷
[（2020）苏05民初804号]....................................161

优秀咨询意见

（2019）苏05知初1122号案件技术咨询意见.....................163

（2020）苏05民初541号案件技术咨询意见.......................171

（2019）苏05知初984号案件技术咨询意见.......................179

（2021）苏05民初520号案件技术咨询意见.......................184

（2017）苏05民初543号案件技术咨询意见.......................191

（2018）苏05知初1211号案件技术咨询意见....................195

（2019）苏05民初75号案件技术咨询意见.......................201

理论构建篇

知识产权技术调查配套机制问题研究

——以技术调查官制度的推行为研究视角[*]

江苏省苏州市中级人民法院课题组^{**}

摘要：技术事实能否准确查明很大程度上影响了知识产权案件的审判质效，对技术调查制度的合理建构并落实运行至关重要。现行法律规定仅聚焦于技术调查官在诉讼活动中的职责定位，并不涉及具体实施技术调查官制度的配套机制规定，专业领域覆盖不全、薪酬待遇难以保障成为技术调查官制度实践中面临的普遍难题。从"供求"两方面出发，选任条件的合理性、薪酬待遇的保障性、职业前景的激励性、技术知识的更新性、履职人员的中立性、后备力量的可持续性是保障技术调查官人员充足的重要因素。鉴于此，要以科技人才资源为基础，以购买技术咨询服务为方式，以兼职技术调查官为重点选任类型，通过建立合作平台、借助高科技手段不断拓宽技术调查官来源渠道，在相关人事改革与政策落实后扩展对其他类型技术调查官的选任，从而最终形成完整的技术调查官配套运行机制，协助法官解决技术事实查明难题，有效提升技术类知识产权案件的审判质效。

---

* 本文成稿于2017年，当时苏州知识产权法庭刚成立不久，本文是为探索建立技术调查官制度而开展的调研。文中涉及的文件、规定都是指2017年搜集到的资料，数据也仅更新到2017年。

** 课题组负责人：徐清宇，苏州市中级人民法院原党组书记、院长。

牵头人：王燕仓，苏州市中级人民法院原党组成员、副院长。

课题组成员：钱建国、庄敬重、杨晓迪、王蔚珏、严常海、殷博文。

执笔人：杨晓迪。

引 言

"高水平全面建成小康社会"必须依靠"聚力创新",而聚力创新就是要大力实施创新驱动发展战略,使创新驱动成为经济社会持续健康发展的主引擎。只有高水平的知识产权司法审判,才能充分发挥知识产权支撑、引领创新驱动发展和经济转型升级的作用。技术事实的查明是制约知识产权审判水平的重要因素,技术调查制度就是为了解决技术事实的查明问题,因此如何将技术调查制度合理建构并落实运行至关重要。

苏州中院早在 2003 年 6 月即在知识产权民事审判领域创新建立"法庭之友"审案方式,该制度旨在通过邀请专家辅助审判,帮助法官克服专业技术知识匮乏的困难,从而高效、精准查明涉案技术事实,有效提高知识产权审判质效。从该制度的设计目的及实际运作方式看,其已具备技术调查官制度苏州模式的雏形。2014 年 12 月出台《最高人民法院关于知识产权法院技术调查官参与诉讼活动若干问题的暂行规定》(以下简称《暂行规定》)掀开推行技术调查官制度的新篇章。然而,《暂行规定》仅有的十个条文仅聚焦于技术调查官在诉讼活动中的职责定位,并不涉及具体实施技术调查官制度的配套机制规定。成立于 2017 年 1 月并设在苏州中院的苏州知识产权法庭,是最高人民法院在全国范围内选择进行知识产权审判专门化、跨区域集中管辖的第二批改革试点四块"试验田"之一。苏州知识产权法庭在面临更多知识产权技术类案件的客观情况下,如何在现有基础上建立起更加完备、能够将技术调查官制度有效推行的配套制度,成为当前急需解决的问题。

为此,课题组专门设计了专项调查问卷,先后对北京、上海、广州三家成立近三年的知识产权法院及最高人民法院知识产权审判庭进行问卷调查,在得到书面反馈后并进一步进行电话访谈或当面座谈,以期了解和掌握其在推行技术调查官制度过程中的问题经验,达到取长补短的效果。综上,我们将知识产权技术调查制度的配套落实作为调查研究对象。希望通过该专项调研积极推动技术调查官制度在苏州的有效运行,以高水平知识产权审判为创新驱动发展提供强有力的司法保障，以高水平司法服务好高水平小康建设。

一、知识产权技术调查苏州模式之历史回顾

（一）苏州中院在知识产权技术调查方面的探索历程

专家咨询制度是苏州中院于 2003 年创设并在审判实践中广泛推广运用的案件审判辅助制度，根据所涉问题为技术性课题还是法律专业性课题区分为"法庭之友"审案方式和"疑难案件专家评析制度"两项具体模式。其中，"法庭之友"审案方式凸显"以事实为依据"的审判准则，即在案情涉及高精尖专业技术问题时，聘请各相关领域的专家作为"法庭之友"参与审判，为法院准确查明事实提供参考意见；"疑难案件专家评析制度"则注重体现"以法律为准绳"的审判原则，即在案件涉及疑难复杂法律问题时，邀请各相关领域的法学专家对所涉法律问题进行点评分析，为法院正确适用法律提供参考意见。由此可知，专家咨询制度之"法庭之友"审案方式是苏州中院自 2002 年 5 月成立民事审判第三庭（即知识产权审判庭前身）以来，在知识产权审判领域对技术事实查明方面的最早探索。

专家咨询制度从 2003 年建立至 2007 年年底，苏州中院主要以苏州市科技局的技术专家为后盾，当案件审理过程中遇到疑难技术问题即由苏州市科技局指派相应领域专家提供技术支持。在此期间，由于国务院每年对苏州市科技局有 200 万元特批专项经费，因此，苏州市科技局在向苏州中院提供专家时并支付相应的报酬费用。其间，苏州中院累计运用"法庭之友"审案方式和疑难案件专家评析制度审结各类知识产权疑难复杂案件 50 起，涉及各类技术专家及法学专家 191 人次，所判决案件上诉后均无改判发回。苏州中院民事审判第三庭也因此连续荣获"全省知识产权审判工作先进集体""全省民事审判工作先进集体"等称号，作为当时全省仅有的两家中级法院知识产权审判庭之一荣获"2007 全省保知工作先进集体"。

2008—2014年，苏州中院继续在知识产权审判实践中运用并完善专家咨询制度。2008年苏州市知识产权局挂牌成立，国务院颁布的海外高层次人才引进计划也在这一年正式启动，苏州中院借此良机继续大力扩充原有的专家库名录，有资格向苏州中院推荐专家参加遴选的机构已由最初的苏州市科技局、苏州市知识产权局、法律院校等17家机关事业团体扩展至近30家；也是在这一年，苏州中院作为江苏省高级人民法院指定的首批知识产权审判"三合一"试点法院，自此该制度的适用从知识产权民事审判领域扩展至知识产权民事、刑事、行政全领域。但是在这一时期，由于国务院自2008年起不再对苏州市科技局提供特批经费，再加之法院无专门经费支持，"法庭之友"专家咨询制度的有效运行受到一定影响。2014年12月最高人民法院出台《暂行规定》，自此中国知识产权审判领域正式步入改进并引入技术调查官制度的新阶段。

苏州知识产权法庭是最高人民法院在全国范围内选择的全领域专司知识产权审判、跨区域集中管辖的四家法庭之一。苏州知识产权法庭是以苏州中院知识产权审判庭为基础建立的，因此在知识产权案件的技术事实查明机制上，一方面承袭了"法庭之友"专家咨询制度多年成熟的运作经验；另一方面自《暂行规定》出台之后，苏州中院对于技术调查官制度也进行了一定程度的调研，相应的阶段性研究成果也一并被承袭。苏州知识产权法庭在面临跨区域集中管辖无锡、常州、南通三市以专利案件为代表的大量技术类案件的客观压力下，着力在长期以来积累下的良好基础上，完善并打造出以技术调查官制度为依托、具有苏州特色的技术调查创新样板。

（二）"法庭之友"专家咨询制度的运作模式

基于实现公正司法价值目标、适应经济和科技发展以及推进审判方式改革三方面的客观需求，苏州中院自2003年6月起尝试探索引入这种国内领先的审判辅助制度，即"法庭之友"专家咨询审判辅助制度。该制度针对案情复杂、涉及高精尖专业技术及社会影响较大的知识产权案件，聘请各相关领域的专家作为"法庭之友"参与审判，为法院准确查明事实、正确适用法律提供参考意见，帮助法官克服专业技术知识匮乏的困难，提高知识产权裁判的客观公正性。

1. 遴选方式和范围

结合案件审理中常涉的专业性问题，通过行政管理单位、行业协会、高校、中介机构及相关企事业单位推荐，选取具有较高专业水平、丰富社会阅历和一定法律素质的专业人员作为"法庭之友"。根据实践需要，经上述单位推荐的专家范围定期予以增减和变更。

2. 操作程序和规范

根据所涉案件的技术类型，先由合议庭合议，达成一致意见后由审判长填写"特邀法庭之友参与案件审理申请表"，报经庭长审核后实施。在邀请专家时，合议庭要参照关于审判人员回避制度的若干规定，确保选定专家与双方当事人间不存在任何利益关系。在案件审理中，"法庭之友"不担任合议庭成员，但合议庭应当确保其了解案情，切实行使权利和履行义务。"法庭之友"在履行职责期间，应参照法官职业道德基本准则的规定，遵守审判工作纪律，保守审判秘密。

3. 参与阶段及具体工作方式

"法庭之友"主要在证据保全和法庭调查两阶段发挥作用。（1）指导、协助、取证、保全。主要适用于证据保全过程中，通过专家参与证据保全帮助法官对技术性证据的采集。（2）答疑、释惑、协助调解。主要适用于庭前和庭审时的调解过程中，通过专家对专业问题的解析帮助法官判定案件事实，有的放矢地对当事人开展调解工作。（3）协助解读鉴定意见。主要适用于法官对需要委托鉴定的事项不明晰、对鉴定事项的专业表述不到位或者对鉴定结论不理解等情况，通过"法庭之友"的技术指导帮助法官将相关问题提交鉴定或准确理解鉴定结论。（4）辅助合议庭评议认定。主要适用于庭审和拟判决合议过程中，"法庭之友"出庭就相关专业问题进行解释、说明及与合议庭成员联席研讨、拓展思维，帮助法官攻克专业技术障碍，准确认定案件事实。

4. 意见采纳和认定

"法庭之友"参与案件审理后需根据其专业技术和日常生活经验就争议事项作出判断，或提供解决问题的思路和方法，并填写《法庭之友意见征询函》。"法庭之友"出具的意见将作为法官认定事实和作出裁判的参考，但不作为证据使用。若出现"法庭之友"的多数意见与合议庭评议结论大相径庭的情况，则需将是否采纳"法庭之友"的意见作为重点评议事项由合议庭进行复议，或者将案件提交审判长联席会议讨论，从而确保在不影响合议庭独立裁判的前提下公正高效地解决当事人之间的争议。

5. 后续监督和管理

为进一步扩大法治宣传影响，凡邀请"法庭之友"参与案件审理的，在该案审结后，承办人需将裁判文书邮寄给"法庭之友"，便于随时听取他们的建议和意见。此外，苏州中院还定期邀请"法庭之友"就如何进一步改进庭审方式、加强认证说理等问题进行交流和沟通，以切实保障审判的公开和公正。

（三）"法庭之友"专家咨询制度的实践效果

首先，提升了裁判的公正性和公开性。"法庭之友"专家咨询制度跳出审判人员对专业技术判断上的局限性以及对复杂事实认定思维上的局限性，通过广开言路，吸纳各方专家参与审判并且提出针对性参考建议的方式，在增强审判透明度的同时极大地提高了事实认定和法律裁判的准确性和客观性，为知识产权案件的公正高效审理提供了有力的保障。其次，提高了法官的综合素质和司法能力。"法庭之友"审案方式不仅能够帮助法官扩宽视野，弥补专业知识匮乏的缺陷，凭借个案逐步掌握各专业领域的信息和知识，为今后审理类似案件提供技术信息储备；还鼓励每位法官对于自己不精通的领域敢于并且勤于"不耻下问"，不断提高自身综合素质，从而为塑造精英法官，推进法官职业化建设创造条件。最后，积累了审判方式改革经验。"法庭之友"审案方式作为我们完善专业审判改革实践的第一步，通过邀请专家辅助审判逐步探索出了一条有效提高知识产权审判质效的途径。在"法庭之友"的指导和帮助下，苏州中院多年来审结了一大批在全国有重大影响的知识产权案件，有28件案件先后入选最高人民法院、江苏省高级人民法院历年公布的知识产权保护典型案例。其中被最高人民法院列为2004年度全国"十起知识产权案例"之一的新力唱片公司与苏州某餐饮娱乐公司关于MTV著作权侵权纠纷案，入选《人民法院公报案例》的伊士曼柯达公司与苏州某电梯有限公司"KODAK"商标侵权纠纷案，以及全省首例驰名商标司法认定案例"永鼎"商标侵权纠纷案均为最早得益于"法庭之友"专家咨询制度的成功范例。

（四）"法庭之友"专家咨询制度运行中存在的不足

经过多年的司法实践，苏州中院在运用"法庭之友"审案方式的过程中不可避免地遇到了一些问题和困难，主要表现在以下两方面。

第一，人才挑选范围过窄。在该制度自2003年6月运行之初，主要是通过科技局、知识产权局、工商局、文学艺术界联合会、摄影家协会等机关事业团体推荐进行"法庭之友"的遴选。尽管苏州中院不断注重拓宽遴选范围，但随着科技经济的纵深发展，一些高端技术或冷门领域不断出现，现有人才范围仍然不足以满足审判实践的需要，对口人才难觅现象一定程度制约了"法庭之友"审案方式的进一步发展。

第二，经费保障不足。"法庭之友"一般为各领域的高端技术人才，其本身工作较为繁忙，故法院在邀请其担任"法庭之友"，对案件审理提供技术帮助时往往需要支出一定的酬劳，而在该制度运行以来的十余年内法院并无此专项预算，经费保障的不足也在某种程度上限制了法院邀请专家的人数和级别。

另外，在该制度运行之初的五年时间里，存在过以"法庭之友"参与的案件双方对抗性不足的问题。往往出现法院邀请了"法庭之友"参与庭审并就相关专业问题进行说明和指导，但双方当事人出庭人员大多为不懂专业技术的诉讼代理人,导致法官在向当事人询问相关专业问题时双方当事人均不能提供任何数据和信息,从而影响了法官对专业事项作出准确判断。

二、对技术调查官制度及其推行情况的考察

(一)我国部分法院技术调查官的职责承担情况

1. 制度规定

《暂行规定》第六条❶对于技术调查官所承担的职责进行了"列举+概括"式的规定。北京知识产权法院(以下简称"北知院")、上海知识产权法院(以下简称"上知院")、广州知识产权法院(以下简称"广知院")根据最高人民法院的《暂行规定》,结合各自的审判工作实际,分别制定了《北京知识产权法院技术调查官工作规则(试行)》(以下简称《北知工作规则(试行)》)、《上海知识产权法院技术调查官参与诉讼活动工作规则(试行)》(以下简称《上知工作规则(试行)》)和《广州知识产权法院关于技术调查官参与诉讼活动的暂行办法》(以下简称《广知暂行办法》),并分别在《北知工作规则(试行)》第十一条❷、《上知工作规则(试行)》第九条❸

---

❶ 《暂行规定》"六、技术调查官根据法官的要求,就案件有关技术问题履行下列职责:(一)通过查阅诉讼文书和证据材料,明确技术事实的争议焦点;(二)对技术事实的调查范围、顺序、方法提出建议;(三)参与调查取证、勘验、保全,并对其方法、步骤等提出建议;(四)参与询问、听证、庭审活动;(五)提出技术审查意见,列席合议庭评议;(六)必要时,协助法官组织鉴定人、相关技术领域的专业人员提出鉴定意见、咨询意见;(七)完成法官指派的其他相关工作。"

❷ 《北知工作规则(试行)》第十一条:"技术调查官根据法官的要求,就案件有关技术问题履行下列职责:(一)通过查阅诉讼文书和证据材料、询问当事人,明确技术事实的争议焦点;(二)对技术事实的调查范围、顺序、方法提出建议;(三)参与调查取证、勘验、保全,并对其方法、步骤等提出建议;(四)参与询问、听证、庭审活动;(五)提出技术审查意见,列席合议庭评议;(六)必要时,协助法官组织鉴定人、相关技术领域的专业人员提出鉴定意见、咨询意见;(七)其他相关工作。"

❸ 《上知工作规则(试行)》第九条:"技术调查官根据法官的要求,就案件有关技术问题履行下列职责:(一)通过查阅诉讼文书和证据材料、询问当事人,明确技术事实的争议焦点;(二)对技术事实的调查范围、顺序、方法提出建议;(三)参与调查取证、勘验、保全,并对其方法、步骤等提出建议;(四)参与询问、听证、庭前会议、庭审活动;(五)提出技术审查意见,列席合议庭评议;(六)必要时,协助法官组织鉴定人、相关技术领域的专业人员提出鉴定意见、咨询意见;(七)完成合议庭指派的其他相关工作。"

和《广知暂行办法》第六条❶中对本院技术调查官所应履行的职责进行了规定。以最高人民法院的职责规定为参考系，区别之处如表1所示。

表1　技术调查官职责的区别

区别	最高人民法院	北知院	上知院	广知院
区别一	（一）通过查阅诉讼文书和证据材料，明确技术事实的争议焦点	（一）通过查阅诉讼文书和证据材料、询问当事人，明确技术事实的争议焦点	（一）通过查阅诉讼文书和证据材料、询问当事人，明确技术事实的争议焦点	（一）通过查阅诉讼文书和证据材料，明确技术事实的争议焦点
区别二	（四）参与询问、听证、庭审活动	（四）参与询问、听证、庭审活动	（四）参与询问、听证、庭前会议、庭审活动	（四）参与询问、听证、庭审活动
区别三	（七）完成法官指派的其他相关工作	（七）完成法官指派的其他相关工作	（七）完成合议庭指派的其他相关工作	（七）完成法官指派的其他相关工作

2. 实践情况

根据苏州知识产权法庭向北知院、上知院、广知院及最高人民法院发出的《关于技术调查官配套运行机制调查问卷》（以下简称《问卷》）反馈情况可知，自推行技术调查官制度以来，以最高人民法院《暂行规定》第十条关于技术调查官职责规定为选项，四家法院实际履行哪些职责及按从多到少履行最多的三项职责是什么，如表2所示。

---

❶ 《广知暂行办法》第六条："技术调查官确定后，法官可直接通知其参与诉讼活动。技术调查官在参与诉讼活动中，履行下列职责：（一）通过查阅诉讼文书和证据材料，明确技术事实的争议焦点；（二）对技术事实的调查范围、顺序、方法提出建议；（三）参与调查取证、勘验、保全，并对其方法、步骤等提出建议；（四）参与询问、听证、庭审活动；（五）提出技术审查意见，列席合议庭评议；（六）必要时，协助法官组织鉴定人、相关技术领域的专业人员提出鉴定意见、咨询意见；（七）其他相关工作。

技术调查官就上述第（一）（二）项工作职责，应当在首次庭审前七日内履行；就上述第（三）项工作职责，应当在实施调查取证、勘验、保全措施前履行；就上述第（五）项关于提出技术审查意见的工作职责，应当在庭审技术比对结束后十日内履行。"

表2　四家法院履行的职责

选项	最高人民法院		北知院		上知院		广知院	
（一）通过查阅诉讼文书和证据材料，明确技术事实的争议焦点	√	①	√		√	①	√	
（二）对技术事实的调查范围、顺序、方法提出建议			√		√		√	
（三）参与调查取证、勘验、保全，并对其方法、步骤等提出建议	√		√	③	√	②	√	①
（四）参与询问、听证、庭审活动	√	②	√	①	√	③	√	②
（五）提出技术审查意见，列席合议庭评议	√	③	√	②			√	③
（六）必要时，协助法官组织鉴定人、相关技术领域的专业人员提出鉴定意见、咨询意见			√		√		√	
（七）完成法官指派的其他相关工作								

（二）我国部分法院技术调查官的选任、来源与配置管理情况

1. 有关选任条件的规定

《北京知识产权法院技术调查官管理办法（试行）》（以下简称《北知管理办法（试行）》）第十一条❶，《上海知识产权法院技术调查官管理办法（试行）》（以下简称《上知管理办法（试行）》）第四条❷，以及《广州知识产权法院技术调查官选任和管理暂行办法》（以下简称《广知管理办法》）第三

---

❶ 《北知管理办法（试行）》第十一条【任职条件】："技术调查官应当具备以下任职条件：（一）具有大学本科及以上学历；（二）具有相关技术领域教育背景；（三）从事相关技术领域的专利审查、专利代理或者其他实质性技术工作5年以上；（四）年龄不超过45周岁，但兼职的技术调查官不受该年龄限制。特殊情形下，在编的、聘用的和交流的技术调查官经本院审判委员会同意，可以不受年龄限制；（五）品行端正、身体健康。"

❷ 《上知管理办法（试行）》第四条："技术调查官应当具备以下任职条件：（一）具有中华人民共和国国籍；（二）具有大学理工专业本科及以上学历；（三）从事相关技术领域的专利审查、专利代理或者相关技术岗位工作5年以上；（四）年龄一般不超过45周岁，但兼职的技术调查官不受该年龄限制。特殊情形下，在编的、聘用的和交流的技术调查官经本院审判委员会同意，可以不受年龄限制；（五）品行端正、身体健康。"

条❶对于本院的技术调查官的任职条件进行了规定。据了解，最高人民法院有关技术调查官选任办法已完成征求意见稿，但尚未对外公布。

通过对比三家知识产权法院的规定，区别之处主要有五。第一，上知院和广知院两家对于技术调查官的国籍均有限制，要求为中华人民共和国国籍，而北知院并未明文规定，后经与北知院技术调查室联系，得知因技术调查官参与中国司法活动必然具有中国国籍，该条件属必然的隐含条件，故未再单独列明；第二，虽然三家法院均作出了大学本科及以上的学历限定，但北知院是将具有相关技术领域的教育背景这一条件单列，而上知院和广知院则将理工专业或相关技术专业作为其本科及以上学历的限定；第三，北知院和上知院对于技术调查官从事相关技术工作的年限要求均为五年以上，广知院则要求两年以上即可；第四，北知院和上知院对技术调查官的年龄在原则上要求不超过45岁，根据不同类型和具体情形，年龄还可不受限制，广知院则没有关于技术调查官年龄方面的任何规定；第五，只有广知院对从国家专利行政部门交流任职的技术调查官，作出了要求其应当为现任专利审查员的专门规定。

2. 来源渠道与类型划分

关于来源渠道，《北知管理办法（试行）》第七条、《上知管理办法（试行）》第二条，均在交流型的技术调查官中列举了部分来源，包括国家机关、行业协会、大专院校、科研机构及企事业单位。最高人民法院及广知院目前尚无任何关于技术调查官来源渠道的规定。而根据《问卷》反馈结果显示，北知院、上知院技术调查官的实际来源渠道均包含了前述文件中列举的部门机构，而广知院技术调查官的实际来源目前仅为法院系统的有专业背景的工作人员，最高人民法院技术调查官的实际来源目前仅为企事

❶《广知管理办法（试行）》第三条："选任的技术调查官应当具备以下条件：（一）具有中华人民共和国国籍；（二）具有相关技术专业大学本科以上学历和相应专业学士以上学位；（三）具有 2 年以上专业实践经验；（四）具有良好的政治、业务素质和良好的品行；（五）身体健康。从国家专利行政部门交流任职的技术调查官应当为现任专利审查员。"

业单位。另资料❶显示,北知院首批选任的 5 名交流的技术调查官来自国家知识产权局专利局、专利复审委员会(以下简称"复审委")、专利审查协作北京中心;34 名兼职的技术调查官中有 15 名来自专利审查协作中心,16 名来自企事业单位、高校或科研机构,3 名来自专利代理机构;27 名技术专家都来自高校或科研机构,且全部具有正高职称。需要补充说明的是,这 27 名技术专家并非技术调查官,而是在法官遇到相关领域比较复杂的案件,或者在社会上有较大影响的案件,或者技术调查官难以解决的案件时,会邀请技术专家组成专家小组"会诊",帮助技术调查官解决问题,并提出相关意见供合议庭和技术调查官参考借鉴。

关于类型划分,从《北知管理办法(试行)》第七条❷、《上知管理办法(试行)》第二条❸可知,北知院、上知院将技术调查官的类型均划分为在编、聘用、交流、兼职四类;广知院虽未在《广知管理办法》中明文规定该院技术调查官的类型,但在该文件第四条第一款❹规定了技术调查官的来源方式,即交流任职、选调或公开招聘等方式选任,由此可知广知院的技

---

❶ 仪军,李青.我国知识产权领域技术调查官选任问题探析[EB/OL].(2017-05-28)[2017-05-29]. http ://mp.weixin.qq.com/s/b_P5XOgzANfaosfzQKXKVw.

❷ 《北知管理办法(试行)》第七条【人员类型】:"根据编制类型和来源渠道,技术调查官分为在编的技术调查官、聘用的技术调查官、交流的技术调查官和兼职的技术调查官。

在编的技术调查官属于本院正式行政编制人员,由本院自主进行选拔录用。聘用的技术调查官由本院面向社会公开自主进行招聘,签订相关劳务合同,解决组织人事关系、薪酬待遇等问题。交流的技术调查官由国家机关、行业协会、大专院校、科研机构、企事业单位等向本院派驻,任命后组织人事关系不变动,薪酬待遇由原单位保障。兼职的技术调查官由本院通过单位推荐、自我推荐等形式,从相关领域的技术人员中选择聘用,聘用后组织人事关系不变动,薪酬待遇由原单位保障。"

❸ 《上知管理办法(试行)》第二条:"根据编制类型和来源渠道,技术调查官分为在编的技术调查官、聘用的技术调查官、交流的技术调查官和兼职的技术调查官。

在编的技术调查官属于本院正式政法编制人员,由本院自主进行选拔招录。聘用的技术调查官由本院经有关部门批准面向社会公开自主进行招聘,签订相关劳务合同。交流的技术调查官由国家机关、行业协会、大专院校、科研机构、企事业单位等向本院派驻。兼职的技术调查官由本院通过单位推荐、自我推荐等形式,从相关领域的技术人员中选择聘用。"

❹ 《广知管理办法》第四条:"技术调查官可以通过从国家专利行政部门交流任职,也可以通过选调或公开招聘等方式选任。

选任技术调查官的专业方向,应当根据本院受理的技术类案件数量、类型及所涉技术领域等具体情况确定。"

术调查官可划分为包括但不限于交流、在编和聘用等类型。《问卷》反馈结果显示，目前北知院和上知院只选任并使用了交流和兼职两个类型的技术调查官，而最高人民法院只使用了交流，广知院只使用了在编一种类型的技术调查官。

3. 配置与管理

根据《暂行规定》第一条❶的规定，北知院❷、上知院❸、广知院❹均设置了技术调查室，负责技术调查官的日常管理工作。对于各类型技术调查官具体的配置数量，目前主要是对在编这一种类型的技术调查官人数进行了相应规定。（1）《北知管理办法（试行）》第四条第一款❺规定，北知院包括技术调查室主任在内共有 5 个正式行政编制的技术调查官名额。而根据北知院回复的《问卷》及调研座谈会的情况看，目前该院技术调查官中只有交流和兼职两种类型，其中交流 6 人，兼职 37 人。（2）上知院目前没有对该院任何类型技术调查官的配置数量进行明文规定。而根据该院回复的调查问卷可知，其现有技术调查官也只有交流和兼职两类，其中交流 1 人，兼职 11 人。（3）《广知管理办法》第一条❻规定，广知院包括技术调查室主任、副主任在内共有 9 个编制名额的技术调查官。根据该院答复的调查问卷显示，该院现有 5 名技术调查官，且均为在编人员。（4）根据最高人民法院知识产权庭的问卷回复可知，目前最高人民法院的技术调查官

---

❶ 《暂行规定》:"一、知识产权法院配备技术调查官,技术调查官属于司法辅助人员。知识产权法院设置技术调查室,负责技术调查官的日常管理。"

❷ 《北知管理办法（试行）》第二条:【组织机构】"本院设置技术调查室,负责技术调查官的日常管理工作。"

❸ 《上知管理办法（试行）》第一条:"本院设置技术调查室,负责技术调查官的日常管理工作。"

❹ 《广知管理办法》第一条:"本院设置技术调查室,主要负责技术调查官的工作安排、业务考核等日常管理,为法官提供技术咨询、技术审查意见及其他必要技术协助。

技术调查室配备技术调查官,技术调查官属于司法辅助人员。"

❺ 《北知管理办法（试行）》第四条:【人员组成】"技术调查室设主任 1 人,本院正式行政编制技术调查官 5 人（包括技术调查室主任）。根据实际工作需要,技术调查室可以增设副主任 1 人。

根据工作需要,本院还可以通过聘用、交流、兼职等形式,任命或聘用部分技术调查官。"

❻ 《广知管理办法》第一条:"广州知识产权法院设置技术调查室,负责技术调查官的日常管理。技术调查室编制员额为 9 名,其中设置主任 1 名、副主任 2 名。"

共 3 人,且均为交流人员。

《北知管理办法》的第三章从日常管理、人员管理档案、案件审理、报酬、调研、培训、考核及退出机制八个方面对技术调查官的管理进行规定。其中第十九条❶对于不同类型的技术调查官采取分类考核;《上知管理办法》的第七条至第十一条对该院技术调查官的管理进行了规定,其中第十条❷对于四种不同类型的技术调查官采取两种形式的分类考核,这两种考核方式同北知院的考核方式;《广知管理办法》的第七条至第九条对该院技术调查官的管理予以规定,其中第八条❸是有关考核的规定。与北知院、上知院不同,广知院在考核中没有区分不同类型的技术调查官,均以参照公务员法相关规定的考核标准对该院技术调查官进行考察。

(三)中国台湾地区技术审查官职责承担、选任来源与配置管理

台湾智慧财产法院借鉴了日本知识产权高等法院调查官制度及韩国专利法院技术审查官制度,于法官外配置各种技术领域专业的技术审查官。根据"台湾地区智慧财产法院组织法"第十五条及"智慧财产案件审理法"第四条的规定,"技术审查官承法官之命,办理案件之技术判断、技术资料之收集、分析及提供技术之意见,并依法参与诉讼程序",法院于必要时,得命技术审查官执行下列职务:(1)为使诉讼关系明确,就事实上及法律上之事项,基于专业知识对当事人说明或发问;(2)对证人或鉴定人直接发

❶ 《北知管理办法(试行)》第十九条:【考核】"技术调查室根据在编的和聘用的技术调查官工作表现,从'德、能、勤、绩、廉'五个方面进行年度考核,确定为优秀、称职或不称职,并计入技术调查官人员管理档案。

技术调查室根据交流的和兼职的技术调查官工作表现,出具《技术调查官年度工作意见》,并向原单位或个人进行反馈。必要时,技术调查室可以提出更换交流人员或技术人员的意见。"

❷ 《上知管理办法(试行)》第十条:"本院根据在编的和聘用的技术调查官工作表现,从'德、能、勤、绩、廉'五个方面进行年度考核,确定为优秀、称职或者不称职,并记入技术调查官人员管理档案。

技术调查室根据交流的和兼职的技术调查官工作表现,出具《技术调查官年度工作意见》,并向原单位或者个人进行反馈。必要时,技术调查室可以提出更换交流或者兼职人员的建议。"

❸ 《上知管理办法(试行)》第十条:"本院根据在编的和聘用的技术调查官工作表现,从'德、能、勤、绩、廉'五个方面进行年度考核,确定为优秀、称职或者不称职,并记入技术调查官人员管理档案。

技术调查室根据交流的和兼职的技术调查官工作表现,出具《技术调查官年度工作意见》,并向原单位或者个人进行反馈。必要时,技术调查室可以提出更换交流或者兼职人员的建议。"

问；（3）就本案向法官为意见之陈述；（4）于证据保全时协助调查证据。❶

"智慧财产法院组织法"第十六条、"智慧财产法院约聘技术审查官遴聘办法"第三条对技术审查官的任用资格作了具体规定。简言之：一是对于曾任专利或商标高级审查官、审查官、助理审查官、智慧财产局（相当于知识产权局）聘任的专利或商标审查员，符合一定任职年限且业绩优良者；二是曾任高校讲师助理、教授、副教授，符合一定任职年限且具有知识产权类专门著作者；三是具有少见特殊技术或科研专长者；四是具有专业资格，达到一定执业年限并且达到一定申请发明专利的数量者。

中国台湾地区智慧财产法院自2008年设立之初至2013年年底，技术审查官皆由智慧财产局的资深专利审查官借调担任，人员分别属于机械工程、电子电机、化学工程、生技医药领域。❷ 2014年左右，通过社会选聘1名技术审查官，该名技术审查官的具体来源情况不详。台湾地区智慧财产法院的技术审查官类型有三种：正式编制、借调和约聘。约聘人员主要来自非公职人员，而借调人员主要来自专利审查员等公职人员。❸ 截至2014年年底，智慧财产法院共有技术审查官13名，其中12名来自台湾地区智慧财产局，1名通过社会选聘，尚无正式编制的技术审查官。❹

根据文献资料，日本、韩国通过技术调查官制度较好地解决了专利案件审理中的技术问题，并在该制度的运行过程中不断发展完善，已形成一套技术调查官选任、升迁、回避制度❺，但对于这些国家或地区有关技术调查官管理模式的具体情况缺少更为详细的介绍。

（四）日本与韩国的相关做法

1. 日本技术调查官职责承担、选任来源与配置管理

在日本，技术调查官的职责是为审理专利案件的法官提供技术方面的

❶❷ 丁丽瑛，林铭龙.台湾地区智慧财产法院特色机制及其运行述评 [J].台湾研究，2014（2）：67.

❸ 朱理.台湾地区"智慧财产法院"诉讼制度考察与借鉴 [J].知识产权，2015（10）：65.

❹ 朱理.台湾地区"智慧财产法院"诉讼制度考察与借鉴 [J].知识产权，2015（10）：68.

❺ 李雅萍.专利案件技术审理方式考察和制度构建 [J].中国社会科学院研究生院学报，2013（6）：68-72.

支持，负责解释专利保护范围、被告涉嫌侵权产品或方法的技术内涵，并将两者进行对比，但不作法律判断。《日本民事诉讼法》第九十二条之八❶对于技术调查官所应履行的职责作了规定，日本的技术调查官须履行的职责包括：(1)在答辩期、庭前会议阶段，可询问当事人，促使当事人提交证据；(2)在法庭调查期间，询问证人、当事人、鉴定人；(3)在诉讼调解期间，基于其专业知识，释明技术问题；(4)给法官提供技术审查意见、咨询意见。另外，在日本，技术调查官具体履行上述哪项职责均需接受审判长的指令。

日本的技术调查官在如下范围中选定：拥有在专利局参与审判及审判业务的经验，精通"技术"的人员；通常具备实用新型专利领域的经验；按照现行体制，派遣人员均为已进入专利局工作 15～31 年且具备审判官经验的人员。选定人才在全方位技术领域中进行，派遣时从专利局离职，任期为三年，任期结束后一般都返回专利局。❷日本的技术调查官从来源看，主要来自专利局的审查员或复审员，审查员或复审员大多拥有 20 多年的专利审查经验；少数曾经是专利律师，主要是随着技术调查官需求的日益增加，仅从专利局任用变得困难，因此知识产权高等法院从 2002 年开始、东京地方法院从 2003 年开始任用律师出身的调查官。根据现有资料显示，截至 2014 年，日本法院共有 21 位技术调查官，其中大阪高等法院和大阪地方法院的技术调查官均为兼职。现有技术调查官中有 1 位是律师出身，其余 20 位均系专利局派遣的调查官。❸知识产权高等法院的技术调查官中，其中 10 名曾在日本专利局从事过审查、复审工作，1 名为专利代理人。

日本的技术调查官属法院编制的人员，但并不属于我国目前试点法院

---

❶ 《日本民事诉讼法》第九十二条之八："高等法院或地方法院在有关知识产权案件的审理、裁判时，认为有必要的，可由调查官负责下列有关事务，该事务由审判长指令调查官进行：1. 在口头辩论期间或者在确立诉讼点、归纳整理证据的程序中，为了明确诉讼关系，对于事实以及法律有关事项，调查官可对当事人发问，或促使当事人提交证据。2. 在证据调查期间，向证人、当事人、鉴定人直接提出问题。3. 在和解期间，基于其专业知识，解释说明问题。4. 给法官提供关于案件的参考意见。"转引自：张玲. 日本知识产权司法改革及其借鉴 [J]. 南开大学（哲学社会科学版），2012（5）：128.

❷❸ 强刚华. 试论中国知识产权法院技术调查官制度的建构 [J]. 电子知识产权，2014（10）：85.

定义的"在编"类型技术调查官，因为日本的技术调查官在完成三年任期之后，既可选择回原工作岗位，也可选择继续留任。而我们定义的在编则非短期任职，而是如无意外其可在法院工作至退休。另外，期满后返回原工作岗位的做法又与我们定义的"交流"型技术调查官类似，只是我们的交流型技术调查官在法院工作期间其人事关系并不在法院，而是保留在原单位。

2. 韩国

韩国为了帮助法官正确把握专利案件的技术内容，在专利法院内设立了技术审理官。根据《韩国技术审理官规定》第一条第一款之规定，技术审理官在裁判全过程中随时为法官就技术事项提供咨询、参与研究诉讼记录、与技术相关的证据判断、事实问题的调查研究、向法院提出有关专门知识的意见书或者口头报告研究结果或意见；在案件审理中向诉讼关系人提问；在合议庭合议过程中对事实关联的技术事项陈述意见。❶

《韩国法院组织法》对技术审理官的任用资格规定："在专利局从事审查官或者审判官 5 年以上者、作为一般职公务员从事产业技术 7 年以上者，或者负责科学技术相关事务 5 年以上并曾在职 5 年以上者、科学技术相关领域取得硕士学位且从事相关领域或者研究 10 年以上者、科学技术相关领域取得博士学位者、取得国家技术资格法规定的技术师资格者。"❷ 韩国技术审查官来源渠道通常有三种：一是政府机构内部选拔，二是从科技领域的研究人员中选拔，三是从通过相关技术资格考试的人员中选拔。截至 2013 年，韩国专利法院共有 17 名技术审理官辅助法官审理专利案件。他们一般是从在专利局工作 5 年以上的审查官或者审判官中选拔出来，任命为法院公务员。韩国的技术审理官均属法院编制的人员：绝大多数技术审理官由韩国专利局派遣，即从在专利局的审查官或者审判官中选拔，任命为法院公务员；也有法院自行雇用的，即大法院院长可任命技术审理官为专利法

---

❶ 李雅萍. 专利案件技术审理方式考察和制度构建 [J]. 中国社会科学院研究生院学报，2013（6）：70.

❷ 金珉徹. 韩国专利法院的建立、现状与未来 [EB/OL]. [2017-05-16]. http：//www.sipo.gov.cn/zlssbgs/zlyj/201608/t20160812_1285804.html.

院的公务员。❶ 韩国共有 17 名技术审理官在专利法院工作，韩国专利法院现有 5 个裁判部，各裁判部有审判长法官 1 名，法官 2 名，技术审理官 3～4 名，通常由 3 名法官和 1 名技术审理官构成审判合议庭。❷

三、技术调查官制度推行中存在的问题与困惑

从"法庭之友"专家咨询制度运作模式及具体工作内容来看，其与现在我国积极推行的技术调查官制度，在配套机制及技术调查官承担的职责方面有很多重合之处，这也是我们将该审判辅助制度称之技术调查官制度苏州模式前身的原因之一。如前文所述，该制度运行的十余年里，暴露出或长期存在或曾阶段性出现的一些不足，其中人才挑选范围过窄、经费保障不足是两个制约该制度良性发展的最突出问题。

而通过对北知院、上知院、广知院及最高人民法院回复的调查问卷，以及北知院在苏州知识产权法庭调研座谈会上的情况进行汇总整理后，情况如下。

（1）对《问卷》第 17 题"贵院在技术调查官制度的实践中存在的主要问题"作答情况如表 3 所示。

表 3　技术调查官制度实践中存在的问题

问题	北知院	上知院	广知院	最高人民法院
A 可利用的技术专家资源较少			√	
B 专业领域覆盖不齐全	√	√	√	√
C 技术调查官水平参差不齐				
D 部分技术调查官参与案件积极性不高				
E 薪酬待遇难以保障	√		√	
F 技术调查官专业知识更新不及时				
G 其他＿＿＿＿＿＿＿＿				

由此可见，"专业领域覆盖不齐全"成为技术调查官制度实践中普遍存

❶ 郃中林. 境外知识产权专门法院制度对我国的启示与借鉴 [J]. 法律适用，2010（11）：85.

❷ 李雅萍. 专利案件技术审理方式考察和制度构建 [J]. 中国社会科学院研究生院学报，2013（6）：70.

在的主要问题，其次是"薪酬待遇难以保障"。

（2）在回答第 21 道问答题"贵院在推行技术调查官制度的过程中还有哪些困难"时，广知院再次强调了"人员不足，（专业）覆盖范围不广"，上知院则回答"目前最大的困难是缺乏在编的技术调查官"。北知院虽未对该题在问卷中作答，但在调研座谈时，相关人员表示，虽然该院出台的《北知管理办法（试行）》中对在编的技术调查官的人员配置作了规定，但截至目前并未实际使用在编技术调查官的员额，主要问题是尚无成熟的方案以保证采用这种形式能招录到理想人选。

（3）调研座谈会上，北知院及江苏省高级人民法院对于交流类型的技术调查官存在的问题做了介绍：交流型技术调查官目前主要为国家知识产权局专利审查协作中心（以下简称"审协"）、复审委的骨干技术人员。虽然根据《北知管理办法（试行）》第十条规定，交流的技术调查官任期为一年，经协商可延长至两年，但司法实践中基本都是一年。

通过对前述问卷答复及座谈情况进行分析，我们可以从"现有技术调查官所属专业领域与技术类案件所涉专业领域相比覆盖不齐全"这一表象问题入手，探究技术调查官制度在推行过程中存在的深层问题。

目前四家法院中，只有北知院在《北知管理办法（试行）》第九条对技术调查官的选任领域，按技术调查官类型的不同作了较为详细的规定：在机械、通信、医药等技术领域配备在编的和聘用的技术调查官，并可进行调整；交流的技术调查官所涉技术领域主要覆盖医药、通信、材料、化学、电学、机械领域，其他技术领域可以根据派驻人员情况进行增补；兼职的技术调查官除涵盖上述技术领域之外，还可以包括熟悉集成电路布图设计、植物新品种、计算机软件、互联网技术的相关专业人员。

调查问卷及相关文献资料显示，四家法院现有技术调查官的专业领域覆盖情况、现有技术调查官人员规模及台湾地区的现有技术调查官人员规模情况如表 4、表 5 所示。

表4　四家法院现有技术调查官专业领域覆盖情况

法院	机械	材料	化学	医药	通信	计算机	光电	化工	电子	软件
北知院	√	√	√	√	√	√	√			
上知院		√			√			√	√	√
广知院	√		√		√	√				
最高人民法院		√	√		√			√		

表5　现有技术调查官人员规模

法院	技术调查官数 / 名
北知院	43
上知院	12
广知院	5
最高人民法院	3
台湾地区智慧财产法院	13

表4、表5结合起来，单从人数角度，对比中国台湾地区运行发展多年后达到当前的技术调查官队伍规模来看，上述四家法院目前的技术调查官队伍规模并不逊色，尤以北知院的人员规模最为庞大，且审判提质增效成果明显。资料显示，2016年北知院共有35名技术调查官参与了352件案件的技术事实查明工作，提交技术审查意见262份，同年该院技术类案件审结数量同比增加85%。❶而人员规模较少的广知院、上知院，2016年其技术调查官参与案件的总数分别为3人94件和11人35件。❷

不言而喻，技术调查官人员数量的多少对于其专业领域的覆盖具有重要影响。因此，产生专业覆盖不齐全问题的真正原因，应归结为技术调查官人员数量的不充足。而无论对于我国还是日本、韩国，都存在技术调查官不充足的问题。日本、韩国两国和中国台湾地区当年也正是为了解决人员来源不足的问题，才突破了原本只从专利局派遣、借调，扩大到也可从专利代理师、

❶　仅军，李青. 我国知识产权领域技术调查官选任问题探析 [EB/OL]. （2017-05-28）[2017-05-29]. http://mp.weixin.qq.com/s/b_P5XOgzANfaosfzQKXKVw.

❷　数据来源于访谈和调查问卷。

科研院所人员等合适人群中直接聘任。而目前我国部分法院规定诸多类型的技术调查官也正是在借鉴上述国家和地区的经验基础上，为解决这一问题提供尽可能多的渠道。但尽管三家知识产权法院都规定了不止在编一种类型的技术调查官，现实中还是存在不同程度的人员不足的问题。

我们认为，从"供求"两方面考虑产生问题的原因是相对全面且合理的。从供给一方（即具有成为技术调查官可能的人群）角度出发，选任条件是否合理——门槛问题、薪酬保障是否有吸引力——待遇问题、职业规划能否激发动力——前景问题，这三方面问题是影响其是否能够或愿意成为一名技术调查官的最重要因素。而从需求一方（即审理技术类案件的法院）角度出发，技术调查官专业知识能否及时更新——技术水准保持问题、技术调查官履职质量能否保证——制约因素及考核问题、如何充实技术调查官后备力量——队伍的可持续发展问题，这三方面是影响其能否"拥有"理想技术调查官的最重要因素。因此接下来，将从来源于供求两方面的六个问题入手展开分析。

（一）选任条件是否合理——对门槛问题的分析

从前文第二部分有关技术调查官的选任条件可以看出，日本、韩国及中国台湾地区技术调查官的准入门槛较高，对于其相关从业年限的要求与其在原行业的技术职称成反比。其中年资要求最低的为中国台湾地区，对于具有较高等级技术职称的专利部门审查人员或高校教师，且前者考核成绩优良，后者要求在专业研究方面具有较为突出的成就，年资要求为三年以上。除此之外，无论日韩两国，还是中国台湾地区设置的相关年资条件均在五年以上。由此可见，日韩两国及中国台湾地区的选任条件相对较高。这些国家或地区的实践经验也证明，虽然涉及专利等技术问题的案件需要技术调查官从普通技术人员的角度对专业问题进行解读，但经验相对丰富的专业技术人员或科研人员能够更准确地把握案件涉及的专业技术问题。

北知院、上知院对于技术调查官的相关从业年资要求为五年以上；而广知院的年资要求则更低一些，只要求二年以上即可，且并无关于其以往从业成绩优良、拥有知产专著等要求，或关于具有什么等级技术职称的要求，仅有学历为本科的规定。对于年资方面的设置原因，北知院曾在相关文章中做过阐述，其核心理由就是只有"相关技术性工作 5 年以上从业经验"才能基本保证其达到本领域中等技术人员的水平，才能准确地理解案件涉及的技术内容，知晓技术应用的实际情况，从而为完成技术事实查明工作奠定基础。❶

除了前述年资方面的要求外，其他选任方面的要求均是保证其后续履职的品行及身体方面的基本条件。另外，关于国籍方面的要求，《中华人民共和国公务员法》第十三条规定，公务员应当具有中华人民共和国国籍。技术调查官是法院的司法辅助人员，司法辅助人员由于履职时会接触司法审判秘密，因此根据惯例在招聘中均要求有国籍限制，因此无论是否为在编（在编通常为公务员身份）类型的技术调查官，从严谨的角度均应在选任条件上做国籍限制。综上，三家知识产权法院有关技术调查官的选任条件比较符合我国国情，与法院所在地区的情况也相匹配。

因此，我们认为目前三家知产法院设置的选任条件是合理的，技术调查官人员不充足并非因门槛过高。

（二）薪酬保障是否有吸引力——对待遇问题的分析

关于技术调查官的薪酬待遇，从现有的国内文献中没有找到关于日韩两国和中国台湾地区的相关情况介绍，不过从类型分析，对于派遣❷或法院直接聘任的技术调查官，其薪酬待遇应该参照法院工作人员的相关待遇保障。对于中国台湾地区借调类型的技术调查官则应该由原单位保障其薪酬待遇。至于有关这些国家和地区的技术调查官的实际薪酬及满意度等更详细的情况我们目前尚无可获取的途径。

在北知院、上知院和广知院中，只有北知院在《北知管理办法（试行）》第十六条对于四类技术调查官的报酬进行了规定，也就是说在编按法

---

❶ 仪军，李青. 我国知识产权领域技术调查官选任问题探析 [EB/OL]. （2017-05-28）[2017-05-29]. http://mp.weixin.qq.com/s/b_P5XOgzANfaosfzQKXKVw.

❷ 如前文所述，日本、韩国由专利局派遣的技术调查官，在法院工作期间为法院正式工作人员，其人事关系不保留在原单位，任职期满后回到专利局就不再具有法院正式工作人员身份。

院工作人员待遇、聘用按合同约定的薪资待遇、交流仍按原单位薪酬待遇。其他两家法院则均无明文规定。《问卷》反馈的四家法院薪酬支付方面的实际情况如表6所示。

表6　四家法院技术调查官薪酬

法院	在编	聘用	交流	兼职
北知院	—	—	原单位全额保障	原单位保障，法院适当发放补贴
上知院	—	—	原单位全额保障	个案补贴
广知院	法院公务员待遇	—	—	—
最高人民法院	—	—	原单位全额保障	—

另外，根据《北京知识产权法院技术类案件咨询费用管理办法（试行）》（以下简称《北知费用管理办法（试行）》）的第二条、第四条和第五条对兼职技术调查官咨询费用标准作了规定，总体上来说该院对兼职技术调查官的计薪方式是根据案件类型（难易程度）、履行查明技术事实职责的工作类型、关联案件数量情况、同一案件参与的技术调查官人数来具体确定。

根据《北知费用管理办法（试行）》可知，对于需要法院用专项经费支付的兼职技术调查官薪酬待遇，个案最高报酬为1200元。根据前文公布的北知院2016年35名技术调查官参与352件技术事实查明工作的情况，年人均处理案件10件，由于该35名技术调查官中有5名交流型技术调查官[1]，则30名兼职技术调查官人均获得案件处理报酬的年收入最高为12 000元，因此北知院在反馈的《问卷》中将"薪酬待遇难以保障"作为其在技术调查官制度实践中存在的主要问题。然而，从横向比较来看，北知院对于兼职技术调查官薪酬待遇方面的工作开展目前还是走在全国前列的，既有规范的管理规定、较为科学的给付标准，还有专门经费的支出保障，北知院在此所做的实践具有很好的示范作用。上知院在《问卷》中并没有披露其对兼职技术调查官个案补贴的具体标准及金额。广知院及最高人民法

---

[1]　由于交流型技术调查官在交流期间常驻法院，因此按照惯例能由其处理的案件不会交由兼职型技术调查官处理。只有当交流型技术调查官工作饱和或所涉技术领域不匹配时，才会使用兼职技术调查官，因此兼职型技术调查官实际的年人均处理案件数应低于10件。

院使用的技术调查官由于分别只有在编和交流两种类型，因此在《问卷》中也没有关于兼职技术调查官薪酬待遇方面的规定及其他信息。

另外，从我国现有的四种技术调查官的类型来看，在编型技术调查官由于其完全属于法院内的公务员，因此其薪资待遇完全按照各地与之相应的公务员收入水平。通过与广知院技术调查室的联系人电话访谈了解到，该院现有的 5 名在编技术调查官全部是通过选调的方式选出的，这类人群原本即具有公务员身份，他们客观上"认可"体制内的收入水平。虽然该院的选调公告并未对被选调对象原工作单位做任何限制，但实际的结果就是所有报名及最终录用的人员均为原本就在法院系统工作，具有专业技术背景的非审判工作人员。由此也可反映出，即使在公务员系统内部，法院在编技术调查官的选调对其他部门的技术人员也并不具有吸引力，因为法院相较于相当一部分的公务员任职部门的工作量及承担的责任都更重些，所以在薪酬水平相同的情况下，法院对技术调查官的吸引力有限。

对于聘用型技术调查官，由于是法院面向社会自主招聘并与之签订劳务合同，并按合同约定的薪酬待遇给付，因此该类型的技术调查官也需要专项经费的保障。根据以往法院系统招录聘用制工作人员的经验来看，由于该项支出都要依靠地方财政，因此在薪资水平上不会超过该地区公务员的待遇，这对于无论是体制内抑或体制外的合适技术人才来说吸引力有限。我们认为，这也是实践中为何没有一家法院采取并实际拥有聘用型技术调查官的重要原因。

目前我国司法实践中交流型技术调查官主要来源于国家专利局、专利复审委、专利审查协作中心等机关事业单位。但是，我们的交流型技术调查官队伍的稳定性有待增强，前文中北知院在调研座谈中也重点谈到了交流技术调查官的实际任期情况。我国目前仅有的对交流型技术调查官任期有明文规定的北知院和上知院，其任期均为原则为一年，期满经法院与派驻单位协商一致可延长至两年，而即使任期延长至两年也要短于日韩两国。我国台湾地区通常也是三年的任期。

综上，我们认为，薪酬待遇保障缺少吸引力，对于当前的技术调查官人员不充足具有重要影响。

（三）职业规划能否激发动力——对前景问题的分析

对于技术调查官职业规划即职业发展前景问题的分析，我们认为，还是要与目前我国司法实践中技术调查官现存的不同类型结合起来，因为类型的不同与人事关系及任期长短密切相关，而无论是人事关系还是任期长短对技术调查官的职业规划都起着重要的影响作用。基于我国现行体制的特点，在编和聘用型的技术调查官组织人事关系均在法院❶，通常任期较长。以北知院为例，《北知管理办法（试行）》第十条中明确规定了在编及聘用的技术调查官的任期为其在该院工作期限。《上知管理办法（试行）》第六条规定，聘用型技术调查官的任期为三年，期满经考核合格可续聘。这就意味着，无特殊原因，这两种类型的技术调查官可以一直工作到退休。而交流和兼职型的技术调查官，其组织人事关系均在原单位，交流型的实际任期通常为一年，兼职型的任期则为三年，任期总体较短。

对于技术调查官的职业规划问题，目前仅有广知院在《广知管理办法》第七条❷有原则性规定，即总体上将技术调查官划分若干等级，并以多方面考核为定级依据，但有关等级编制、评定和晋升办法另行规定。但对该院技术调查室电话访谈后得知，广知院截至目前还未出台相关具体规定。对于在法院工作的技术调查官，其作为以"技术吃饭"的工作人员相较于其他以"法律吃饭"的法官、法官助理等工作人员来说，属于小众群体。尽管目前法院系统正进行司法改革，但在人员的职业规划方面规定的最为详细的就是法官，同时对于法官助理及书记员等司法辅助人员的职业前景也

---

❶ 按照我国目前法院自主招聘聘用制工作人员的惯例,这类工作人员有的是与法院直接签订劳动合同,其组织人事关系就在法院。近年来越来越多的情况是让这类工作人员与法院所在地方政府人社部门签订劳动合同,再由政府派遣至法院工作,此时法院与其签订的就是劳务合同,其组织人事关系就不在法院。由于目前三家知识产权法院均没有以聘用制的形式选任过技术调查官,因此这类技术调查官的组织人事关系究竟如何,还没有具体实例。

❷ 《广知管理办法》第七条:"广州知识产权法院的技术调查官分为若干等级,技术调查官等级的确定,以其所任职务、德才表现、业务水平、工作实绩和工作年限为依据。等级编制、评定和晋升办法,由本院另行规定。"

作了相关规定。知识产权法院不同于一般的综合型法院，由于其受理案件的专业性特点，因此技术调查官作为重要的司法辅助人员，对这个群体的职业规划问题应当受到重视。

我们认为，对于组织人事关系在法院、任职期限相对较长的在编及聘用型技术调查官，其关注的焦点更侧重在体制内的职级晋升体系上；而对于组织人事关系并非在法院、任职期限较短的交流型和兼职型技术调查官来说，如能将其在法院做技术调查官的优秀履职经历作为其在任期届满后在原单位晋升的参考条件，很有可能激发其到法院做技术调查官的热情。

当然，有关人事方面的规划问题并非凭法院一己之力可以完成，而此时又恰逢司法改革的攻坚阶段，有关法院人事方面的设计更为敏感，我们只能有步骤地小心推进，以期早日完善。因此我们认为，目前技术调查官的职业前景因尚无清晰有力的职业规划而不明朗，这种现状对该群体很难起到激发动力的作用，对于当前的技术调查官人员不充足具有一定影响。

（四）专业知识能否及时更新——对保持技术水准问题的分析

技术调查官的技术水准直接影响其参与的技术类案件技术事实查明的质量，从而影响案件审理的整体水平。而当今科技发展日新月异，技术调查官的专业知识若更新不及时，其技术水准就会下降，进而会对相关案件的技术事实查明工作产生负面影响。任内培训及任期设置是从短期和长期两个方面结合起来相对有效解决此问题的关键。毋庸讳言，在编及聘用这两种类型的技术调查官因长期在法院工作履职，势必会与其所擅长的专业技术领域产生脱节问题，很大程度上需要"吃老本"。而交流型技术调查官虽然在任期内需常驻法院，但因人事关系并无变动，其与本单位的联系依然紧密，甚至在遇到自己不甚了解的本专业问题时还会自发向单位其他在该领域的同事交流沟通，而且交流型的任期通常较短，其专业知识虽有折旧但不会太过严重。兼职型技术调查官的知识更新优越性最强，其仅在法院有需要时才来履职，其他时间仍在自己的专业领域内从事本职工作。

根据不同类型技术调查官的上述特点，我们认为对于在编及聘用型技术调查官来说，由于其在没有特殊原因的情况下将会在法院长期任职，因此建立有关科技领域方面的在职培训制度对减缓专业技术知识的衰老速度至关重要；对于交流型技术调查官来说，如果能以一定的专业领域培训相辅佐，便可在其交流的任期设置上相对延长一些，这样既在一定期间内解决了技术调查官专业知识更新的问题，又在一定程度上保证了技术调查官队伍的成熟稳定，是一种双赢的设计。至于兼职型技术调查官，由于其在专业知识更新方面几乎不存在任何困难和障碍，因此可以考虑在任职期限的设置上在现有基础上进一步延长。

反观三家知识产权法院，目前只有北知院和上知院两家法院分别在《北知管理办法（试行）》第十八条❶和《上知管理办法（试行）》第七条❷中对于技术调查官的培训有所提及，但均无详细规定，更遑论根据不同类型的技术调查官的专业培训进行差别化规定。我们认为，目前对技术调查官专业知识更新问题的有效解决可进一步挖潜，以科学的"专业培训＋任期设置"相搭配的解决思路似乎并不明显。一方面，这样的现状对于法院来说，即使初期选任到了合适的技术人才，但一段时间过后，由于其知识更新不及时导致专业水准下降，法院将不会愿意延长任期或续聘，而对于在编型的技术调查官，当其专业水准无法胜任工作时，就只能形同虚设。另一方面，对于潜在的合适技术人才来说，面对这种可能会令自己的看家本领不断贬值的制度设计，会对进入技术调查官这个群体望而却步，因此从这个角度分析来看，恐无法长期保持专业水准，对于技术调查官人员不充足具有一定影响。

（五）履职质量能否保证——对其他制约因素及考核问题的分析

前文所述的专业技术水准是影响技术调查官履职质量的一个重要方面，

❶ 《北知管理办法（试行）》第十八条：【培训】"技术调查官应当参加技术调查室为其组织的定期和不定期培训。对于本院组织的其他培训活动，技术调查官可以选择参加。

技术调查官可以接受技术调查室的指派或者接受相关部门的邀请，对特定对象进行业务培训。

技术调查官进行培训的相关情况应当记入技术调查官人员管理档案。"

❷ 《上知管理办法（试行）》第七条："技术调查官应当参加本院组织的岗前培训、法律知识培训等理论培训和业务培训。

技术调查官在培训期间的学习成绩和鉴定，作为其考核、晋升的依据之一。"

除此之外，履职的中立性及相关法律知识的掌握情况是另外两个重要影响因素。四家知识产权法院在对《问卷》第十五题"您认为制约技术调查官在案件审理中履职质量的最主要因素"作答时，情况如表7所示。

表7 《问卷》第十五题作答情况

选项	北知院	上知院	广知院	最高人民法院
A 不同的选任方式				
B 专业知识有限			√	
C 技术调查官从业经验不足			√	
D 法律知识缺乏	√	√		√
E 工作态度存在问题				
F 其他＿＿＿＿＿＿＿＿				

除广知院外，其他三家法院均认为"法律知识缺乏"是制约技术调查官在案件审理中履职质量的最主要因素。而广知院之所以没有选择这一选项，主要还是由于其目前所有的技术调查官均为法院的工作人员，与完全没有过法院工作经历的技术人员相比，其还是可以耳濡目染地了解一些相关法律知识；但也因此，其在专业知识方面由于基本仅靠"吃老本"，所以专业知识有限成为制约其在诉讼中履职质量的主要因素。相关法律知识的补充与加强，既需要法院为技术调查官提供必要的法律知识业务培训来保障，同时也应纳入对技术调查官的业务考核中，以此督促和激励其学习工作中常用到的相关法律，最终达到保证其履职质量的目的。

另外，技术调查官作为可能对技术类案件的判决走向具有重要影响的司法辅助人员，其履职是否具有中立性对于其履职质量也具有重大影响。三家知识产权法院在各自的工作办法中都有对技术调查官的回避作相应规定❶，除此之外，北知院结合自身特点还于2017年1月9日在全国率先出台了《北知技术调查官回避实施细则（试行）》（以下简称《细则（试行）》），

---

❶ 《北知工作规则（试行）》第七条至第十条是对该院技术调查官的回避情形、当事人提出回避申请及法院作出是否回避等问题的相关规定；《上知工作规则（试行）》第六条至第八条是对该院技术调查官回避问题的相关规定；《广知暂行办法》第五条是对该院技术调查官回避问题的规定。三家知识产权法院在这三个本院的规范性文件中对于技术调查官的回避情形的规定及程序上的处理方式基本一致。

该细则开创性建立了"分类回避""利益冲突自排""违规处罚机制"及"履职信息保密"四位一体工作机制。

首先,《细则(试行)》分别针对专利代理机构或律所在从事专利代理业务,企事业单位、高校或科研机构在与其他单位合作研究项目,知识产权行政部门在主管专利审查工作过程中可能出现的与案件当事人的利害关系情形,规定了不同的回避事由。其次,《细则(试行)》规定技术调查官应当对是否存在回避事由进行利益冲突排查,来自专利代理机构或律所的技术调查官还应当提交其所在单位出具的利益冲突检索结果证明;技术调查官自行进行利益冲突排查不存在回避事由的,应当签署承诺书。再次,对于技术调查官明知存在《细则(试行)》规定的回避情形但未自行提出回避,严重违反法定程序导致案件被发回重审、引起再审或造成其他不良后果的,根据技术调查官任职类型的不同,给予不同处罚:对在编的和聘用的技术调查官,参照《人民法院工作人员处分条例》的规定,根据违纪程度,给予从警告、记过,到降级、撤职、开除等处分;对于兼职的和交流的技术调查官,予以解聘,并通报其所在单位或主管部门。最后,《细则(试行)》规定,技术调查官参与诉讼活动后发现存在回避事由,经决定回避后,回避的技术调查官对于之前参与诉讼活动中接触到的案件信息有保密的义务。特别是对于兼职的和交流的技术调查官,由于从人事关系上来说不属于法院工作人员,因此规定回避后的信息保密义务有利于进一步规范技术事实查明活动,保证技术类案件的公正审理。❶分类回避机制增强了各种来源技术调查官回避事项规定的清晰性和可操作性;利益冲突自排义务增强了技术调查官从事技术事实查明工作中立性的履职意识;明确回避的责任追究及履职信息保密义务促使技术调查官自觉规范行为,切实保障当事人的合法权益与案件审理的公正性。该范例值得我们在后续草拟本院技术调查官回避问题的规定时学习借鉴。

合理的考核制度无疑是保证技术调查官履职质量最有效且全面的方法,

❶ 李青.北京知产法院制定实施《技术调查官回避实施细则》[EB/OL].(2017-03-29)[2017-05-29]. http://mp.weixin.qq.com/s/ISWArjZyQyF28Ecr6yo8wQ.

《北知管理办法(试行)》第十九条❶、《上知管理办法(试行)》第十条❷及《广知管理办法》第八条❸均是对各自法院技术调查官的考核规定。其中北知院和上知院均采取"两分法"的方式,将在编、聘用型技术调查官与交流、兼职型技术调查官的考核分开规定,这样的分类考核方式还是源于组织人事关系是否在法院。广知院则未作此区分。我们认为,目前的考核标准均概之以参照公务员法的相关规定,这样的考核规定仅可覆盖其目前仅有的在编型技术调查官,但从长远来看对交流、兼职类型技术调查官的考核需进一步完善。

综上,在影响履职质量能否保证的其他因素中,基于技术调查官的中立性而产生的回避问题,是最可能对技术调查官人员不充足产生影响的因素。主要是因为一些相关渠道产生的技术调查官可能与具体案件有利害关系或其他影响案件公正审理的情形,也正是由于这些原因,北知院制定了分类规避机制,此举让我们对不同来源的技术调查官可能存在的回避问题有一个预见性,在选任技术调查官的时候就可以为减少因回避而导致的具体领域技术人员不足打出富余量。

(六)如何充实后备力量——对人员队伍的可持续发展问题的分析

着眼当前,在技术调查官普遍任期较短的情况下,如何避免青黄不接情况的出现。放眼长远,不论是从基于保持技术调查官专业水准的角度,抑或从为了做好应对今后在新领域新科技衍生出技术类案件的角度,我们均应重视技术调查官后备力量的扩充挖掘。

---

❶ 《北知管理办法(试行)》第十九条:【考核】"技术调查室根据在编的和聘用的技术调查官工作表现,从'德、能、勤、绩、廉'五个方面进行年度考核,确定为优秀、称职或不称职,并计入技术调查官人员管理档案。

技术调查室根据交流的和兼职的技术调查官工作表现,出具《技术调查官年度工作意见》,并向原单位或个人进行反馈。必要时,技术调查室可以提出更换交流人员或兼职人员的意见。"

❷ 《上知管理办法(试行)》第十条:"本院根据在编的和聘用的技术调查官工作表现,从'德、能、勤、绩、廉'五个方面进行年度考核,确定为优秀、称职或者不称职,并记入技术调查官人员管理档案。

技术调查室根据交流的和兼职的技术调查官工作表现,出具《技术调查官年度工作意见》,并向原单位或者个人进行反馈。必要时,技术调查室可以提出更换交流或者兼职人员的建议。"

❸ 《广知管理办法》第八条:"广州知识产权法院每年对技术调查官的工作表现、执业操守等进行考核,考核标准参照公务员法的相关规定。审判部门可以根据技术调查官参与诉讼活动的具体表现,向技术调查室提出相关考核意见。技术调查官的奖惩、培训、任免等应当以考核结果为主要依据。"

三家知识产权法院所在城市均为经济发达地区，而北知院所在地北京作为我国的首都更是唯一集政治、经济、文化三个中心于一身的要地，其所拥有的丰富科技人才资源是其他任何地方无法比拟的。因此北知院在积累技术调查官资源方面的做法其他法院完全可以结合自身情况有选择地借鉴。

北知院认为技术调查官的选任来源应具有广泛性，从生产一线、教学一线、科研一线和审查一线，即"四个一线"中进行选任。这种对技术调查官潜在来源渠道的总结具有全面性和可行性。因此，我们认为在物色后备力量的时候，也应从"四个一线"下手。这些领域的技术人员与专业领域的技术发展情况紧密接触，专业技术素养较高，能够满足技术调查官专业性的要求。同时，从"四个一线"选任技术调查官，选任余地较为广阔，也能够满足当下法院审理的知识产权技术类案件涉及专业面广的实际需求。"四个一线"具体来说涉及的行业及领域包括但不限于：专利审查行政部门、科研机构、高等院校、生产性企业、专利代理机构及律师事务所。❶ 对于可能存在利害关系的属于专利审查行政部门和专利代理等机构的技术人员，可通过完善技术调查官公正中立履职的回避制度规范来解决问题。

在苏州知识产权法庭调研座谈会上，北知院也介绍了该院技术专家名录的制作过程，北知院与北京市科学技术局合作过程中，该局将其技术专家库名录全部提供给北知院，北知再根据自身需求在此名录基础上进行选择，最终制作了该院的技术专家名录。除此之外，该院还从高校、科研院所等其他机构选入一些优秀科研技术人员。这种以科技人员集中部门的人才库为基础搭建自己技术调查官后备库的方式与苏州中院在"法庭之友"专家咨询制度中采取的专家名录制作方式如出一辙。

我们应继续以在"法庭之友"专家咨询制度运行中建立的技术专家库为基础，以现有的几十家合作机构为基点，不断扩充人才资源。这种搭建方式首先要由法院和相关机构、部门或组织建立合作关系，然后像编织蜘蛛网一样，围绕知识产权案件技术调查方面的司法需求这一中心，将拥有

❶ 仪军，李青. 我国知识产权领域技术调查官选任问题探析 [EB/OL]. (2017-05-28) [2017-05-29]. http://mp.weixin.qq.com/s/b_P5XOgzANfaosfzQKXKVw.

技术资源的一个个"人才库"有选择地编制进来。北知院在某些门类偏冷的技术类案件中开拓性尝试的"一案一聘"式技术调查官❶，其人员的主要来源就是自己的技术专家名录。

由此看来，后备力量的充实与否无论对于技术调查官到任换届的后续补充，还是对于满足偏、冷个案技术事实查明的需求来说都具有重要作用，后备力量不足势必会造成技术调查官人员不充足。

四、关于推行技术调查官制度配套机制的苏州设计

（一）对几个重点问题的总体构思

1. 对技术调查官需承担职责的规定

根据最高人民法院《暂行规定》第十条，除北知院、上知院、广知院外，其他法院审理有关专利、植物新品种、集成电路布图设计、技术秘密、计算机软件等专业技术性较强的民事和行政案件时，可以参照适用该规定。虽然除民事及行政案件外，苏州知识产权法庭还有权管辖不服苏州市辖区内基层法院审理的第一审知识产权刑事案件的上诉案件❷，但相关技术事实的查明需求，仍可参照《暂行规定》中对于技术调查官在诉讼活动中履行的职责进行规定。

结合调研报告第一部分中三家知识产权法院各自对本院技术调查官履

---

❶ 这类技术人员只在具体案件中具有技术调查官身份，案件结束其技术调查官身份也就随之结束。

❷ 《最高人民法院关于同意南京市、苏州市、武汉市、成都市中级人民法院内设专门审判机构并跨区域管辖部分知识产权案件的批复》："三、同意指定苏州市中级人民法院管辖以下知识产权案件：1. 发生在苏州市、无锡市、常州市、南通市辖区内的专利、技术秘密、计算机软件、植物新品种、集成电路布图设计、涉及驰名商标认定及垄断纠纷的第一审知识产权民事案件；2. 发生在苏州市、无锡市、常州市、南通市辖区内，诉讼标的额为300万元以上的商标、著作权、不正当竞争、技术合同纠纷的第一审知识产权民事案件；3. 发生在苏州市、无锡市、常州市、南通市辖区内，对国务院部门或者县级以上地方人民政府所作的著作权、商标、专利、不正当竞争等行政行为提起诉讼的第一审知识产权行政案件；4. 应当由苏州市中级人民法院管辖的第一审知识产权刑事案件；5. 不服苏州市辖区内基层人民法院审理的第一审知识产权民事、行政、刑事案件的上诉案件。"

行职责的具体规定，并借鉴日韩两国和中国台湾地区在界定技术调查官职责方面的一些理念，我们认为苏州知识产权法庭对技术调查官所应履行的职责可作以下规定："技术调查官根据主审法官的要求，就案件有关技术问题履行下列职责：1. 通过查阅诉讼文书和证据材料、询问当事人，明确技术事实的争议焦点；2. 对技术事实的调查范围、顺序、方法提出建议；3. 参与调查取证、勘验、保全，并对其方法、步骤等提出建议；4. 参与询问、听证、庭前会议、庭审活动；5. 提出技术审查意见，列席合议庭评议；6. 必要时，协助法官组织鉴定人、相关技术领域的专业人员提出鉴定意见、咨询意见；7. 完成合议庭指派的其他相关工作。"

2. 对技术调查官选任资格的规定

从调研报告第三部分对三家知识产权法院在技术调查官选任条件的合理性与否进行分析后，得出任职条件设置合理符合其具体情况的结论。因此，根据报告第二部分有关技术调查官选任条件的规定，再结合苏州知识产权法庭自身所处环境特点，可作出以下规定："技术调查官应当具备以下任职条件：1. 具有中华人民共和国国籍；2. 具有相关技术专业大学本科以上学历；3. 从事相关技术领域的专利审查、专利代理或者其他实质性技术工作5年以上；4. 年龄一般不超过45周岁，但兼职技术调查官不受此限。特殊情形下，在编、聘用和交流型技术调查官经本院审判委员会同意，亦可不受年龄限制；5. 品行端正、身体健康。"

需要说明的是，上述规定是从囊括目前四种类型技术调查官的角度作出的。这种对任职条件的规定方式，因考虑的覆盖面较为周全，从规范性文件的稳定性及前瞻性综合考虑，内容设计比较合理。这种全面性的规定不仅是现阶段选任部分类型技术调查官的规则指引，也为后续随着其他配套环境的改变而选任剩余类型技术调查官预留了空间。

另外，根据四家法院司法实践中对于技术调查官实际履职最多的内容统计情况，今后我们可以尝试根据具体职责内容的不同（主要是从工作的难易程度区分），对技术调查官设置不同的准入门槛，对于相对简单的技术事实调查工作，可以在专业背景的年资上降低至两年。具体的精细化设计还需要一定时间的司法实践积累及相应的统计分析，但在此提出这样一个思路，我们认为至少可以为技术调查官的梯队化建设及人员充实方面提供一个新的出口。

承接"根据具体职责内容的不同（主要是从工作的难易程度区分），对技术调查官设置不同准入门槛"的思路，在扩容技术专家库名录过程中，应尽可能多地从不同机构、组织网络多层次的技术人才。具有业内中等水平的入库人员作为履行技术调查官职责的主要人群；业内顶尖的领军人物则侧重于处理技术调查官难以解决的技术问题，或指导技术调查官开展相关技术事实查明工作，其身份及作用类似于日本的专家咨询委员会成员。日本在解决技术事实查明问题时采取的就是"技术调查官 + 专家咨询委员会"并行的模式。

3. 对技术调查官的可能来源渠道及实际使用类型的建议

苏州知识产权法庭所在地苏州市，地处江苏省经济最为发达的苏南地区。截至 2016 年，苏州全市高新技术企业累计超 4000 家，累计建有省级以上工程中心（工程实验室）66 家，其中，国家级工程实验室 1 家、国家地方联合工程研究中心 5 家、省级工程中心（工程实验室）60 家。苏州市不断深化与北京大学、清华大学、中国科学院、中国工程院的战略合作，与北京大学共建"北大分子工程苏南研究院"，已启动实施苏州—清华大学创新专项行动计划；❶ 截至 2017 年 5 月，苏州共有正规高校 26 所，占江苏省拥有高校总数的 16%，在全国普通地级市中位列拥有高校总数榜首；审协江苏中心坐落在苏州市的高新区科技城，毗邻苏州知识产权法庭，是全国唯一一个落户在普通地级市的专利审查协作中心。❷ 审协江苏中心，审查领域覆盖电学、通信、医药生物、化学、光电技术、材料工程、机械等领域，承担发明专利的实质审查、PCT 国际申请的国际检索和国际初步审查。

---

❶ 该数据来源于苏州市知识产权联席会议办公室《2016 年苏州市知识产权强市建设工作总结》。
❷ 其他 6 个专利审协中心均落户在直辖市或省会城市。

通过前述列举的丰富科技人才资源，再加之承袭了苏州中院运行了十余年的"法庭之友"专家咨询制度中不断扩充的技术专家库，苏州知识产权法庭可以充分按照"四个一线"选任技术调查官的思路，通过不断地与新的相关机构搭建合作平台，从而达到从所有可能的来源中选任出合适的技术调查官的目的。

关于司法实践中究竟使用何种类型的技术调查官更为合适，通过调研报告第三部分的分析，从薪酬待遇、职业前景、专业知识更新及履职质量保证等综合方面考虑，至少在现阶段建议将兼职型技术调查官作为最优选择。

首先，要想解决好影响合适科技人才进入技术调查官队伍意愿的首要因素——薪酬待遇问题，无疑还是从兼职型技术调查官着手解决最具可行性。在编、聘用型技术调查官的薪酬待遇受体制内相关制度限制，从法院的层面短期内无法解决体制内给予其的薪酬待遇与"市场价"之间差距较大的问题；遵循我国现行机关部门间交流制的规则，交流型技术调查官因薪酬待遇由原单位保障，法院为其争取额外薪酬待遇的空间貌似也不大；而对于兼职型技术调查官，由于其是在原有工作照旧的情况下兼职履行技术调查官职责，薪酬待遇是在本人所在单位负责的基础上，法院只针对其技术调查官的履职情况给予报酬。因此完全可以以此类型的技术调查官作为技术调查官队伍的主力军。

从调研报告中前述对北知院的调研可以看出，北知院作为目前四家法院中拥有技术调查官队伍最庞大的法院，其中86%以上的为兼职型技术调查官；而从该院技术调查官参与案件审理对司法审判质效方面的业绩来看，其成功范例也为以兼职型技术调查官作为主要突破口提供有力的佐证。因此，在对兼职型技术调查官的薪酬给付体系进行设计的时候，力求有所突破，具体构想将在后文详述。

另外，对于兼职型技术调查官来说，其职业前景仍以其所在单位为主导，法院的兼职履职资历只会对其今后发展更有帮助，而不存在阻碍；至于知识更新问题，对于兼职型技术调查官也不存在难点，毕竟其并非以脱离其所在技术领域的方式来法院履职，其仍然在本领域同步更新发展。我们唯一需要重点考虑的是保证其中立履职的制度性约束，即回避制度。

4.对技术调查官的配置与管理的构想

由于苏州知识产权法庭与苏州中院本部办公地点相距较远，从提高工作便利程度及顺应司法改革精简机构、扁平化管理的角度，现阶段可以不建立单独的技术调查室作为技术调查官的归口管理部门，而是以在法庭设置 1 ～ 2 名联络人的形式负责日常的接受法官申请及安排个案技术调查官等相关工作。

对于技术调查官的人数配置问题，现阶段应以选任兼职型技术调查官为主要方式，不涉及组织人事关系变动，其薪酬给付方式也是根据实际情况取酬，因此大可在合作平台双方达成共识的基础上尽可能多地吸纳覆盖更多领域的技术人才，而不用类似在编型技术调查官那样受人数限制。

（二）在配套机制方面的一些具体尝试

1.内外搭建平台，不断拓宽技术调查官来源渠道

苏州知识产权法庭自揭牌成立以来，为拓展技术调查官的来源及领域覆盖问题，从内外两个方向积极搭建新的平台，力求为技术调查官的来源开拓出更多渠道。

首先，苏州知识产权法庭立足自身跨区域管辖无锡、常州、南通部分知识产权案件，积极与三地法院取得联系，在前期互访沟通协商的基础上，苏州中院先后于 2017 年 3 月、4 月和 6 月分别与无锡市中级人民法院（以下简称"无锡中院"）、南通市中级人民法院（以下简称"南通中院"）及常州市中级人民法院（以下简称"常州中院"）签署了《知识产权司法保护合作共建协议》，其中在协议"建立案件审理互助机制"部分第五条，明确约定了"专家资源库共享"，通过开放共享现有技术专家和法律专家资源，共同促进苏州与无锡、南通和常州法院相关案件的高效审理。此举旨在以当地法院为纽带打通该地区科技人才资源通道。

其次，紧紧依托毗邻苏州知识产权法庭的审协江苏中心，充分利用其

覆盖面庞大的技术人才优势，为苏州知识产权法庭的技术调查官队伍提供坚实的人才储备基础。2017年3月31日，苏州中院与审协江苏中心正式签署《战略合作框架协议》，其中在战略合作内容部分的第二条约定"建立技术专家智库"。智库中的专家根据法庭需求，提供个案技术咨询以及技术解读等涉及案件技术事实查明方面的智力支持。在主要工作部分的第二条约定"专家智库的建设及使用"，审协江苏中心负责入库技术专家的选拔、按专业分组，并为每一位入库专家建立完整的背景信息档案，内容包括该专家的个人信息、专业技术背景及配偶、近亲属等相关社会关系情况，以便法庭在就个案寻求技术咨询或经双方当事人共同选任提供技术意见时，避免利益冲突，保证所选专家能够中立公正，快捷、有针对性地解决专业问题。苏州中院和审协江苏中心双方将共同加强对智库的组织领导、投入保障，并完善相应的支持措施。

再次，我们与苏州大学苏州知识产权研究院 ❶ 也进行了初步的沟通磋商，希望借助该院作为"产学研"项目拓展者的纽带作用，为我们从生产一线、教学一线、科研一线选任技术调查官提供人才资源。

最后，以"法庭之友"专家咨询制度搭建的平台为基础，继续与苏州市科学技术局、苏州市科学技术协会深化合作领域，进一步扩大合作平台，为不断壮大充实技术调查官队伍提供更充足的人员保障。

2. 以购买技术咨询服务的方式解决案件审理需求

自苏州中院与审协江苏中心建立战略合作关系后，结合当前苏州知识产权法庭法官在案件审理中有关技术事实调查方面最迫切的需求，目前采取的是由承办法官就想要了解或存在困惑的技术问题进行书面归纳，然后将问题填写至《技术咨询申请表》中。再由审协江苏中心根据技术咨询内容所涉领域分派至相关专利审查员。审协江苏中心的专利审查员会针对

---

❶　苏州大学苏州知识产权研究院是由苏州大学、苏州高新区管理委员会和苏州市知识产权局三方合作共建的科研机构。该院主要负责理论研究、人才培养、教育培训、技术支持、法律维权、延伸服务及一切关乎高校、政府、企业合作的"产学研"项目的拓展。该院目前有三个主要工作机构，即知识产权学院、知识产权转化中心、知识产权维权服务中心。

《技术咨询申请表》中需要咨询的问题充分准备后反馈至中心联络人,然后双方联络人安排时间由案件承办法官和专利审查员面对面地进行详细的咨询解释,最后承担技术咨询任务的专利审查员会在面询后出具一份完整的技术咨询书面意见。截至 2017 年 6 月,法庭已通过上述形式完成技术咨询 5 次,承办法官均反映该种形式的技术咨询有效解决了他们所承办个案中的技术事实认定难题。

鉴于"苏州知识产权法庭—审协江苏中心技术专家智库"仍在筹建过程中,因此过渡时期双方通过联络人的形式,由审协江苏中心负责根据个案需求,选派非固定的技术人员履行技术调查官的技术咨询及出具书面意见的职责。这种形式无疑为采取"一案一聘"式兼职型技术调查官提供了很好的实践样本。

2013 年 9 月,国务院办公厅出台《关于政府向社会力量购买服务的指导意见》,2014 年 7 月苏州市委办公室、市政府办公室出台《苏州市政府向社会购买服务实施意见》,2015 年 1 月苏州市政府办公室印发《苏州市政府向社会购买服务实施细则(试行)》(以下简称《购买服务实施细则(试行)》)。直至《购买服务实施细则(试行)》正式颁行,苏州市级机关作为购买主体,使用市级财政性资金向社会承接主体购买服务的活动才有了实际可操作性。

3. 充分利用高科技手段开拓技术调查官履职方式

目前,苏州中院正作为智慧法院的典范成为全国法院系统利用高科技提升审判质效的排头兵,苏州知识产权法庭在智慧法庭的建设过程中也不断进行着先试先行的各种有益尝试。目前法庭配备的网络设备就可以为技术调查官远程履职提供科技化便利,通过该设备承办法官可以和远在千里之外的技术调查官进行"面对面"的技术咨询,不仅提高了工作效率,更可以进一步打破地域限制,不断扩充兼职技术调查官的选任范围。后续我们可以与北知院、上知院、广知院就共享技术专家库展开磋商,借助网络设备不断延伸技术调查官辅助法官解决技术事实查明问题的合作桥梁。

结　语

　　苏州知识产权法庭以苏州中院先前运作多年的"法庭之友"专家咨询制度为良好基础，结合当前由最高人民法院领衔大力倡导并推动的技术调查官相关制度建构运行的大背景，在对技术调查官制度的推行中，以审协江苏中心强大的科技人才资源为基础，以技术咨询为主要方式，以兼职技术调查官为重点选任类型，将技术调查官制度作为现阶段解决法庭技术类案件技术事实查明问题的"速效药"；接下来从中远期角度考虑，以散落在系统内外的科技人才为基点，通过建立合作平台、借助高科技手段的方式编织巨大的后备人才网，逐步实践技术调查官参与诉讼活动的其他履职内容，在相关人事改革与政策落实后扩展对其他类型技术调查官的选任，从而最终形成完整的技术调查官配套运行机制，为协助法官解决技术事实的查明、提升案件审判质效发挥积极长远的作用。在实践探索的过程中，疏漏、问题在所难免，但只要凭借顽强的毅力和科学合理的筹划，我们终将逐步完善，走出一条富有苏州特色的技术调查创新之路。

技术调查官运行机制的困境与出路

——以苏州路径为模型

徐飞云[*]　王　聪[*]

摘要： 技术调查官制度是知识产权案件审理中的重要制度，对于破解法官专业技术瓶颈所致的技术事实审理困境发挥着积极作用。然而，由于法律规定的局限性，技术调查官运用类型的不统一、对技术调查官诉讼地位的认识分歧及技术信息与法律判断之间的信息不对称，技术调查官制度面临定位模糊、应用机制混乱、"辅助"审判功能异化等问题。以技术调查官苏州模式的运行机制和"升级"路径为参照，探究技术事实调查制度的实践路径。通过技术调查官履职全流程监管，从入口、制度、反馈三个层面落实应用管理措施，以明确的定位、科学的评价、合理的职能配置，使独立、居中的技术调查官与司法裁判保持良好的衔接，推进技术调查官应用管理的规范化。

　　知识产权技术类诉讼因其复杂性和专业性，一直是审判实务中的难点。为使法官能更好查明案件技术事实，正确适用法律，《最高人民法院关于知识产权法院技术调查官参与诉讼活动若干问题的暂行规定》（以下简称《暂行规定》）第一次确立了我国的技术调查官制度，将其作为知识产权案件司法改革的重大举措之一。随后发布的《最高人民法院关于技术调查官参与

---

　　* 江苏省苏州市中级人民法院。

知识产权案件诉讼活动的若干规定》（以下简称《若干规定》）和《技术调查官工作手册 2019》则对技术调查官职能定位、参与案件范围、调派方式、工作职责和法律责任等内容进行了全新安排。但是，技术调查官制度如何与其他制度衔接，技术调查官的选任、管理等一系列事项仍缺乏较为明确、细化的规定，如此不免导致人民法院对于技术调查官的设置方式"无据可依"。鉴于此，有必要立足于技术调查官制度的现有运行实践，反思该机制存在的困境，在理论研究和审判实践中进一步寻找出路。

一、技术调查官制度的实践运行检视

从诉讼视阈对制度应用实践进行研究，可以从司法裁判视角反映知识产权审判中查明技术事实时运用技术调查官制度的情况。

（一）技术调查官制度的运用类型多样

第一，综合运用技术调查官与司法鉴定等多种制度查明技术事实。例如，最高人民法院指导案例 84 号"礼来公司诉常州华生制药有限公司侵害发明专利权纠纷案"，该案双方的争议焦点是常州华生制药有限公司奥氮平制备工艺是否落入涉案专利权保护范围。在该案二审程序中，最高人民法院首次根据《暂行规定》第二条、第十条指派技术调查官出庭，就相关技术问题与各方当事人分别询问了专家辅助人、证人及鉴定人，最终认定华生公司奥氮平制备工艺未落入涉案专利权保护范围。❶

第二，单独运用技术调查官制度查明技术事实。例如，"深圳来电科技有限公司与湖南海翼电子商务股份有限公司、被告深圳街电科技有限公司侵害发明专利权纠纷案"，双方当事人的技术事实争议焦点是被控侵权产品及其使用方法是否落入涉案专利保护范围。在该案审理过程中，法院指派技术调查官参与诉讼，单独运用技术调查官制度协助法官查明了涉案技术

---

❶ 参见最高人民法院（2015）民三终字第 1 号民事判决书。

事实。❶

（二）技术调查官的诉讼地位不一

通过判决书的表述可以窥知司法实践中关于技术调查官制度的运用仍存在一定分歧。

第一种情形是，技术调查官在判决书尾部不署名，仅在判决书正文开始部分描述合议庭组成时提到指派技术调查官，通常采取如下行文表述："本院于××××年××月××日受理后，依法组成合议庭，并指派技术调查官×××参与诉讼，于××××年××月××日公开开庭进行了审理"。

第二种情形是，在判决书的行文过程中未提及技术调查官，仅在判决书尾部合议庭成员署名与判决书作出的时间之后；有法官助理的，在法官助理署名之后书记员署名之前，由技术调查官署名。在上述两种方式中，判决书对技术调查官参与诉讼的具体活动均未作出任何描述。

第三种情形是，技术调查官在判决书尾部不署名，在判决书正文部分描述合议庭组成时提到指派技术调查官，同时在判决书行文中描述技术调查官参与诉讼的活动，具体有两种方式。一是在判决书认定事实部分描述，如"本院通知双方当事人于××××年××月××日来院演示软件开发完成情况，被告无正当理由未到庭。技术调查官经对固定保全网站源代码检验，无法确认其部署方式，即没有被告的配合，无法搭建涉案网站"。❷二是在判决书描述合议庭组成时一并对技术调查官参与诉讼的活动进行概括表述，如"本院立案受理后，依法组成合议庭公开开庭进行了审理。技术调查官×××参与审理，为合议庭的技术事实审查提供辅助工作"。在该方式中，除了少数判决书在认定事实部分描述技术调查官参与诉讼的具体活动以外，大多采取诸如技术调查官为合议庭的技术事实审查提供辅助工作等概括性表述，即使判决书中表述为"技术调查官为合议庭提供相关

---

❶ 参见北京知识产权法院（2017）京 73 民初 455 号民事判决书。

❷ 参见上海知识产权法院（2016）沪 73 民初 750 号民事判决书。

技术事实的审查意见"，判决书在事实认定部分也未体现合议庭认定事实与技术调查官提供的技术审查意见的关系。

二、技术调查官运行机制之反思

（一）技术调查官制度的实践困境

对司法实践进一步梳理可以发现，目前该制度在运行层面不可避免地存在一些实践困境。

1. 功能定位模糊

由于相关规范性文件前后不一致的表述，技术调查官制度仿佛披上了一层"神秘的面纱"：2014 年《暂行规定》第一条规定，技术调查官属于司法辅助人员，但在最高人民法院印发的《知识产权法院技术调查官选任工作指导意见（试行）》第一条、《若干规定》第二条中，则均认为技术调查官系审判辅助人员。尽管有学者作出解释，该转变系法院司法体制改革而致司法人员分类管理制度变化❶，但一定程度上仍然反映出我国民事诉讼法对于技术调查官制度尚未形成统一的认识。

2. 应用机制混乱

第一，技术调查官的实践类型与来源形态各异，影响技术调查意见的质量。总体而言，技术调查官分为在编技术调查官与非在编技术调查官两种，其中非在编技术调查官又包括聘任、交流与兼职等多种类型。技术调查官的类型不同，其参与知识产权案件技术事实查明诉讼活动的程度就有所不同。而技术调查官的来源不同，受工作经验和职业思维影响，对同一技术事实的判断可能就会存在差异，其中，来源于专利行政管理部门和审查协作中心的技术调查官，其专利法律和科学技术的双重思维与来源于科研院校的技术调查官的单一科学技术思维就会有所不同。因此，技术调查

---

❶ 杨秀清. 我国知识产权诉讼中技术调查官制度的完善 [J]. 法商研究，2020（6）：167.

官的类型与来源的多样化会在一定程度上影响其出具的技术调查意见的质量。

第二,技术调查官可能成为"影子法官"。技术调查官对于法官中立裁量的影响并非空穴来风:从逻辑上而言,对于专业领域的技术评议,法官只能"诉诸权威",以最大程度避免错判、误判的风险;从统计上而言,北京知识产权法院 99% 的受调查法官认为"技术调查官提交的技术审查意见具有很高的利用价值"。❶ 作为第一家专门性知识产权法院,北京知识产权法院技术调查官制度运行成效良好,其《2016 年技术调查工作分析报告》将技术调查意见和裁判文书进行对比分析,20 件案件的裁判文书中的技术事实表述和技术调查意见基本一致,49 件作出了调整,仅有 1 件和技术调查意见认定不一致,不难看出技术调查官对于技术事实的认定意见较大程度上影响着司法裁判的事实认定。❷

第三,判决书处理调查意见方式无统一标准。《若干规定》第十二条规定应当在裁判文书上署名,但并未明确应置于判决书正文事实描述部分,还是判决书尾部。实践中对此的做法混乱,甚至最高人民法院不同法官审理的案件也无统一标准,多数判决书仅在尾部署名❸,部分在正文与尾部均署名❹,部分仅在正文署名❺,极少数判决详细说明认定结果及过程❻,但也有部分未具名或做匿名化处理。

(二)技术调查官制度运行困境的原因剖析

1.权力支配导致认知偏差

任何事物包括知识,其产生离不开权力的作用,这种知识产生的过程

---

❶ 仪军,李青等.我国知识产权审判中技术审查意见公开机制的研究 [J].电子知识产权,2019(6):80.

❷ 陈存敬,陈晓华.我国知识产权领域技术调查官管理和使用模式探究[M]//北京知识产权法院.技术调查官制度创新与实践.北京:知识产权出版社,2019:59.

❸ 此类案件较多,如最高人民法院(2019)最高法知民终 2 号民事判决书、最高人民法院(2021)最高法知民终 1672 号民事判决书等。

❹ 参见苏州市中级人民法院(2019)苏 05 知初 1194 号民事判决书。

❺ 参见最高人民法院(2018)最高法民再 111 号民事判决书、江苏省高级人民法院(2015)民三终字第 1 号民事判决书。

❻ 参见北京知识产权法院(2018)京 73 民初 661 号民事判决书。

无形中就是一种权力内化的过程。在这种权力与知识相互交错的过程中会形成两种关系，即支配与被支配关系或互动关系。

一方面，技术事实查明认定是在技术类知识领域运作的，在这个领域内，技术调查官、专家辅助人、鉴定人等都是具有这方面知识的专业人士，而大多数当事人和法官缺乏这方面的专业知识。此时，技术调查官依托其专业性在技术查明机制中发挥主力作用，帮助审判人员和当事人梳理案件争议焦点，提出技术调查意见等，在权力和知识关系中，具有"支配优势"。另一方面，当法官进行法律事实审查时，基于自身法律专业知识，能够自信从容地对案件从主观方面和能动方面进行审查判断。权力与知识之间本应是对等的互动关系，但技术方面的专业知识对于法官所产生的权力影响是显著的。面对知识的不对等性，法官对于技术事实的认定更多是形式上的审查，而非实质上审查，需通过向技术调查官等专业人士寻求帮助以弥补自身知识的不足。缺乏专业知识的法官容易受到技术调查官知识轨迹的影响，从而形成"支配与被支配"关系，造成技术调查官偏离"辅助"性质，法官形成认知偏差。

2. 技术与法律之间的融合障碍

在技术事实查明与求证过程中，法官、技术调查官、当事人均是独立的信息个体，从信息不对称到对称完全表现为一个动态博弈过程。❶动态的博弈过程，就是由法官接近事实的连续行为构成。在完美对称信息情形下，法官与当事人之间的信息是完全对称的，法官基本能作出精准的判断，每位参与者均能作出对自己最有利的判断，从而形成一种纳什均衡。❷在此情况下，法官的判断几乎是直线形的。然而，完美对称信息的案件在现实中几乎难以存在。即使对于侵权事实非常简单的知识产权侵权案件，也往往存在对损失认定的信息不对称，更多的案件只能是相对不完美信息对称。❸对于一些相对简单的技术类案件，法官虽然不具有相关专业技术背景，但

---

❶ 阳云其. 知识产权审判中技术查明机制的完善 [J]. 人民司法，2021（10）：103.

❷ 朱·弗登博格，让·梯若尔. 博弈论 [M]. 黄涛，郭凯，等，译. 北京：中国人民大学出版社，2010：198-230.

❸ 道格拉斯·G. 拜尔，罗伯特·H. 格特纳，兰德尔·C. 皮克. 法律的博弈分析 [M]. 严旭阳，译. 北京：法律出版社，1999：81-98.

根据办案经验并在当事人举证说明解释下，获取技术信息没有障碍，进而查明相关技术事实也较容易。此情形下，法官的判断是曲线的。对于一些有一定难度的技术案件，法官通过技术调查官辅助能查明相关技术事实。虽然技术调查官是辅助法官查明技术事实的，但法官与调查官之间的信息不对称增加了博弈的不确定性与动态性。而技术越复杂、越专业，信息越不对称，越可能出现不均衡与重复复合性博弈。

三、技术调查官运行机制进路探索的苏州路径

苏州知识产权法庭自 2017 年成立以来，技术类案件呈现数量高位运行、专业化程度高及审理难度大的特征。在技术调查官苏州路径总体构思的指导下，法庭依托毗邻审协江苏中心的地理优势，于 2017 年 3 月起建立与审协江苏中心的战略合作。在制度推行和构建的过程中，几经探索、逐步推进，实现了"三级跳"式的飞跃升级。

（一）1.0 版本：个案技术咨询模式

2017 年 3 月、2018 年 5 月，苏州知识产权法庭与审协江苏中心先后签订《战略合作框架协议》《技术咨询合作协议》，逐步建立以技术咨询方式让技术专家参与知识产权案件事实查明的模式。

1. 人员来源

从审协江苏中心现任在职专利审查员中选任部分人员兼职技术调查官，以个案技术咨询的方式提供技术支持。

2. 配套保障机制

经申请，以苏州市政府办公室印发的《2017 年度政府采购目录》与技术咨询相关的类别内容为依据，采取政府采购的方式购买技术咨询服务。

3. 管理方式

在苏州知识产权法庭和审协江苏中心各设 1 名联络人，负责日常接受

法官申请及安排个案技术调查官等相关工作。承办法官将需要咨询的技术问题以技术咨询表的形式提交，交由庭长签字后，由苏州知识产权法庭联络员统一扎口发送至审协江苏中心联络员处。该中心根据技术问题所涉领域及案情的疑难复杂程度，选派 1～3 名技术调查官辅助审理案件。

4. 参与案件的形式

可分为两类，一是对外，即参与直面当事人的程序，如现场勘验、证据保全、庭审等；二是对内，即仅面对法官，充当法官的技术翻译人员，提供技术咨询意见供法官裁判时参考。在对外程序中，应向当事人充分释明技术调查官身份及当事人享有的申请回避权利。

5. 阶段工作实效

2017 年 4 月至 2019 年 6 月底，苏州知识产权法庭向审协江苏中心申请技术咨询 80 件次，调取专利档案材料 4 次，共涉及技术咨询内容近 200 项。技术调查官共计出具了书面咨询回复意见 57 份，参与现场勘验 29 次，参与庭审 22 次，举行当面咨询会议 15 次。技术咨询内容涵盖材料、机械、电学、化学及医药等各大领域。

个案技术咨询机制取得了良好效果，有效推动了案件审理进程。技术调查官不仅充当了法官的技术翻译官，还架起了与当事人、专家辅助人、司法鉴定人员、专利复审委员会的审查员之间的沟通桥梁。在判决结案的案件中，合议庭均全部采纳或部分采纳了技术调查官的意见。

（二）2.0 版本：以固定工作时间技术调查官为主，个案技术咨询为辅的模式

为贯彻落实国务院办公厅关于推广第二批支持创新相关改革措施的工作要求，2019 年 3 月，苏州知识产权法庭向苏州市委申请在现有实践的基础上，每年从审协江苏中心聘任 5 名有固定工作时间（以下简称"固定工时"）的技术调查官和 25 名无固定工时的技术调查官，从而将开展技术事实调查的实践常态化、制度化、规范化。该汇报方案获得苏州市委的支持。

1. 选任条件

技术调查官要求具有普通高等院校理工科专业硕士及以上学历,具有中级以上专业技术资格,具有 5 年以上相关专业技术领域工作经验。

2. 人员配置

法庭根据审判业务实际情况,提出 5 名固定工时技术调查官的技术领域分布及人员结构等具体要求,审协江苏中心据此推荐,法院评审后确定。最终确定为机械领域 2 名、材料领域 1 名、电子领域 1 名、化学医药领域 1 名。案件所涉技术超出上述四大领域的,则由 25 名无固定工时技术调查官以个案技术咨询的方式提供技术支持。

3. 配套的保障机制

为保障此模式落地,苏州市政府专门出台文件,将此作为苏州市落实第二批支持创新相关改革的具体措施,并每年投入专项经费保证该制度的正常运行。

4. 管理模式

5 名固定工时的技术调查官择优派遣,一年更换一次,任职期间不改变其原人事、工资关系,固定时间在法庭工作。无固定工时的技术调查官依据个案情况,按需至法庭参与案件审理。2020 年 6 月,已完成常驻法庭技术调查官交接工作,第二批技术调查官现已全面到岗履职。

5. 阶段工作实效

在第一批固定工时技术调查官履职的一年期间,苏州知识产权法庭共新收案件 1523 件,其中技术类案件 786 件,由技术调查官辅助审判 200 件,占同期技术类案件总数的 1/4 以上。该 200 件案件中,侵害专利权纠纷 179 件,技术合同纠纷 7 件,侵害商业秘密纠纷 6 件,计算机软件纠纷 5 件,其他案件 3 件。

案涉领域分别为机械领域 80 件、光学电子领域件 41 件、化工生物医药领域 18 件、计算机通信领域 11 件、材料领域 12 件、建筑领域 9 件、综合领域 29 件。5 名固定工时技术调查官基本覆盖了 70% 以上技术类案件所涉的技术问题。

一年中，技术调查官共计完成 477 件次技术咨询，参与庭审和庭前听证共计 266 次，外出勘验 89 次，证据保全 17 次，出具书面技术意见 162 份。

（三）3.0 版本：拓宽技术调查官的来源渠道，建立多元技术事实查明机制

近年来，涉微信小程序、App 开发等计算机软件项目的案件数量增长迅速。此类案件普遍涉及开发成果与合同约定标准的比对，尤其是实际开发产品的功能与合同约定功能的比对。基于双方技术争点较多，而软件本身具有一定复杂性和专业性，法官判断难度较大。而此类技术问题恰恰是软件研发人员的强项。因此，从 2019 年 1 月开始，法庭就探索与中国移动苏州研发中心（以下简称"中移苏研中心"）的技术合作，由中移苏研中心的软件研发人员担任计算机软件案件的技术调查官，协助法官进行证据保全、现场勘验等。从前期商讨合作的可能性、合作的形式到最后敲定合作的框架，双方已于 2019 年 8 月 9 日举行了签约仪式。此次签约进一步拓宽了技术调查官的来源渠道，提升了法庭在计算机软件领域的技术事实查明能力。

四、技术调查官运行机制的完善进路

技术调查官制度效能的有效发挥对于技术类案件的裁判走向具有重要影响。实行技术调查官履职全流程监管模式，从入口、制度、反馈三个层面落实应用管理措施，实现技术调查官制度应用管理的优化和完善。

（一）把好入口关

1. 严格选任条件

随着科技的发展，专业技术领域分工不断精细化，交叉领域复杂化，技术类知识产权案件审理所面临的技术事实查明挑战不断增加。作为审判辅助人员的技术调查官，要高效地助力审判工作，具备专业化的技术能力是前提基础。从现在域外有关的技术调查人员来源看，均要求至少5年以上的专业技术工作从业经验，或者在专业领域具有突出成就。❶目前，我国技术调查官任职资格是具有理工科专业本科以上学历，具有中级以上专业技术资格，5年以上有关专业技术工作经验。❷在此基础上，可以进一步提高选任条件，优先从具有普通高等院校理工科专业硕士及以上学历，具有相应的生产、科研经验，通过法律职业资格或专利代理资格等考试，工作中连续多年考核优秀者中推选。

2. 合理分配专业

技术调查官人数有限，可以根据审判工作的实际需要，对技术领域分布和人员组成结构进行相应规划。以技术调查官苏州模式为例，审协江苏中心根据法庭需求进行相应推荐，经法院评审后确定机械领域、材料领域、电子领域、化学医药领域共5名固定工时的技术调查官，基本覆盖法庭70%以上技术类案件所涉的技术问题。若案件所涉技术领域超出上述四大领域的，则由25名无固定工时的技术调查官以个案技术咨询的方式提供技术支持。

3. 保持相对流动

技术调查官可以进行按期轮换，并相对固定在法院提供技术咨询的时间，其余时间仍保持在其专业领域内从事本职工作。如此保持人员的相对流动性，技术调查官与本专业技术领域的联系依然紧密，并可与本单位同领域的其他技术人员交流研讨。

（二）把好制度关

明确技术调查官的功能定位，以制度刚性保障技术调查官的履职质量。

---

❶ 郭寿康,李剑.我国知识产权审判组织专门化问题研究——以德国联邦专利法院为视角 [J].法学家,2008（3）:61；马浛菲,韩元牧.简述技术事实之审查——从我国知识产权法院设立技术调查官制度谈起 [J].中国发明与专利,2015:54-55；黄光辉,彭静.台湾地区智慧财产法院的设立及运作机制评析——兼论对我国大陆设立知识产权法院的启示 [J].山东科技大学学报（社会科学版）,2015:32.

❷ 参见《知识产权法院技术调查官选任工作指导意见（试行）》。

1.明确审判辅助性

我国法律明确规定技术调查官的性质是"审判辅助人员"，因此绝不能让技术调查官成为"影子法官"。技术调查官可以履行自己的职责，发挥自己的专业特长，对技术事实进行调查，帮助审判人员和当事人梳理案件争议焦点，提出专业意见等。但是，这些问题本质上仍是技术事实查明，而非直接进行审判。审判权法定，法官可以依法对法规进行解释，对案件进行公正的自由裁量，行使审判权，其他人员不能越俎代庖，否则便是司法裁判权让渡。❶

2.保障客观中立性

司法实践中，技术调查官几乎全程参与技术类知识产权案件的诉讼活动，指引技术事实审查方向，梳理案件的争议焦点，提出技术调查意见。这就要求技术调查官在诉讼活动参与过程中，保持其中立性，不偏不倚、公正履职，客观地提供技术调查意见。进一步而言，技术类知识产权案件审理实践中，为了使合议庭"兼听则明"，更好地对技术事实进行查明及认定，可以采用多元化技术事实查明机制，专家陪审员、专家辅助人（或具有专门知识的人）、司法鉴定、技术调查官、专家咨询等多方参与。这些技术事实的查明者在法庭上所处的庭审位置不同，代表的诉讼地位不同。根据案件技术事实审查需要，经法官申请由技术调查室指派，既独立于合议庭，又独立于当事人，其地位更具有客观公正性，技术官调查意见也因其中立性更具价值。

（三）把好反馈关

1.完善考核机制

建立健全技术调查官履职考核和反馈机制，提升技术调查官的职责意识。完善考核指标，可以根据情况将技术调查官的出勤率，工作态度，履职质量（包括技术事实查明能力、技术审查意见采纳率）等因素纳入其中，

---

❶ 陈颖澍.技术调查官的角色错位及其矫正 [J].山东法官培训学院学报，2022（6）：132.

结合法官团队的反馈及上级法院在审理上诉案件时对其评判予以综合考量。针对工作量的统计,也可进行细化。一方面,建立技术调查官工作台账,包括案号、案由、专利号、工作时长、解决技术问题的个数、参与诉讼情况等事项。另一方面,技术调查官如在承担基本的技术咨询业务之余还参与部分管理、统计、课题研究等事务性、综合性工作,也可以折合成工作量进行计算。

2. 加强业务培训

在根据技术调查官的类型、背景及履职经验,以科学的"专业化培训 + 任职设置"相搭配的思路进行整体性、有规划性的培训,如此既能保证法院在初期选任到合适的技术人才,保证技术调查官专业知识的及时更新,又能吸引潜在的合适技术人才不断加入技术调查官这个群体。关于培训内容,一方面应使技术调查官充分了解其工作内容和工作流程,全面了解案件的审理机制和进程,从整体上把握技术调查官的职能定位;另一方面应加强对技术调查官业务知识的培训与指导,包括法律基础、参与诉讼活动的环节和流程、技术调查意见撰写规范等。

3. 推进机制创新

以苏州知识产权法庭为例,全国首创的技术调查官"一官二员"的新机制,实现技术调查官队伍效用最大化,对于着力推进技术类案件多元解纷机制建设具有积极意义。一方面,聘请技术调查官为特邀调解员,制度化、专业化推进繁简分流改革和诉前调解工作进程,拓宽非诉纠纷解决渠道。另一方面,对于技术事实认定较为明确、侵权认定较为明显的技术类案件,推进技术调查官担任人民陪审员的专业化探索,技术调查官作为裁判者全程参与诉讼,实质性介入案件审判,让技术意见从"参考"变为"决定"。

结 语

知识产权审判中,技术调查官制度在弥补法官专业技术知识之不足、协助法官查明技术事实方面发挥着举足轻重的作用。该制度伴随着知识产权审判专业化的现实需求而产生，制度理论建构不充分、制度规则不完整及实践做法多样化在所难免。权力支配导致认知偏差、技术与法律存在融合障碍进一步加剧了技术调查官制度在司法实践中的运行困境。苏州知识产权法庭建立技术调查官配套制度以来，几经沿革，走出了一条独特的苏州路径，通过应邀向最高人民法院知识产权法庭派出技术调查官提供技术支持，实现了技术调查官统筹调配机制落地江苏的"第一例"，一定程度上反映出其实践成效。本文以技术调查官苏州路径为模型，探讨了技术调查官运行机制的完善进路，希冀对技术调查官制度在司法审判活动中的不断拓展适用有所启示。

论专利审查员任技术调查官的优势

李晶晶[*]

摘要： 技术调查官制度是健全技术类知识产权案件审理机制中的一项重要制度，能够帮助破解审判实践中技术事实查明与认定的难题，是新时代强化知识产权保护、提高司法审判质量和效率的重要举措。

本文梳理了日本、韩国的技术调查官选任现状，并通过笔者作为专利审查员兼职技术调查官的亲身经历和体验，结合具体案例，辨析专利审查员选任技术调查官的优势。

一、引　言

在创新驱动发展战略的部署下，创新主体对于技术创新和成果保护的需求日益增加，知识产权相关法律和制度面临着新的要求，特别是知识产权案件审判中的技术事实查明需求日益凸显。

知识产权诉讼案件不仅涉及法律的适用、情法的平衡，还涉及技术事实的认定，由此技术调查官制度应运而生。2014 年，我国正式引入知识产权技术调查官制度，最高人民法院发布《关于知识产权法院技术调查官参与诉讼活动若干问题的暂行规定》(以下简称《暂行规定》)，构建了技术调查官制度的基本框架。

---

* 国家知识产权局专利局专利审查协作江苏中心。

　　司法实践中，大多数技术类案件所涉及的专业技术知识往往具有技术前沿性强、复杂程度高、涉及利益广等特点，因而对技术调查官的专业资质、法律素养提出了较高的要求，以确保司法公信力。为了统一技术调查官的选任标准，2017年最高人民法院发布《知识产权法院技术调查官选任工作指导意见（试行）》（以下简称《指导意见（试行）》），对技术调查官的选任提出了指导性意见，要求"普通高等院校理工科专业本科及以上学历""中级以上专业技术资格""5年以上相关专业领域生产、管理、审查或研究工作经验"❶。在《指导意见（试行）》中，对于专利审查员兼职技术调查官的相关要求更细化为现职审查员，并且挂职交流期限为1～2年。❷

　　技术调查官通常来自生产一线、教学一线、科研一线和审查一线❸，覆盖多领域、多学科，具有权威性和专业性。实践中，我国技术调查官的来源及任职形式多种多样，除了专利审查员外，还包括从社会招聘或从法院内部推荐的专业技术人员、兼职的高等院校教授等。北京知识产权法院聘任的是兼职技术调查官❹，包括专利审查员、高等院校教授等；上海知识产权法院的技术调查官在制度实行之初为聘任制公务员❺，后为了加强技术调查官队伍力量，又聘任了12名兼职技术调查官，分别来自国家机关、行业协会、大专院校、科研机构等；❻南京知识产权法庭招聘企事业单位的专业

---

❶　参见《指导意见（试行）》第五条："担任技术调查官应符合以下资格条件:(一)具有普通高等院校理工科专业本科及以上学历;(二)具有中级以上专业技术资格;(三)具有5年以上相关专业技术领域生产、管理、审查或研究工作经验。应聘技术调查官的人员除应符合上述资格条件外，还应具备中华人民共和国公务员法规定的条件。"

❷　参见《指导意见（试行）》第二条："根据审判工作需要，符合资格条件的专利行政管理等部门的专业技术人员，可到知识产权法院挂职交流1至2年，在交流期间担任技术调查官。担任技术调查官的专利行政管理部门交流人员应为现职审查员。"

❸　仪军，李青.我国知识产权领域技术调查官选任问题探析 [J]. 专利代理，2017（1）：11.

❹　郭豫蒙，张晓天，刘晓霞.你好，技术调查官! 115名技术翻译"入职"北京知识产权法院 [EB/OL].（2023-02-16）[2023-11-10].https://bjzcfy.bjcourt.gov.cn/article/detail/2023/02/id/7145445.shtml.

❺　上海知产法院首次举行聘任制技术调查官招录[EB/OL].（2020-08-17）[2023-11-10].http://www.shzcfy.gov.cn/detail.jhtml?id=10014600.

❻　上海知产法院举行新一届兼职技术调查官聘任仪式[EB/OL].（2023-01-10）.http://www.shzcfy.gov.cn/detail.jhtml?id=1001543983.

技术人员为专职技术调查官；❶宁波知识产权法庭采取招聘专职技术调查官的模式，同时借助宁波知识产权保护中心预审员作为兼职技术调查官；❷苏州知识产权法庭选任专利审查员担任技术调查官，解决知识产权法庭专业领域的技术类案件。对于技术调查官的选任模式及管理办法，各地均有不同尝试，亦有初步成果显现。

本文将梳理域外技术调查官选任现状和具体实践，辨析专利审查员任技术调查官的优势。

二、域外技术调查官选任现状

知识产权案件中的技术事实认定问题属于世界性难题，各个国家或地区为了解决该难题，均设置了技术事实查明机制。例如，德国采用的是技术法官模式，技术法官和法律法官共同审理案件❸，有利于准确认定技术事实，提高诉讼效率，但专业技术法官的培养成本高，专业覆盖面有限。美国、英国则采用专家证人模式❹，由双方当事人委托专家证人来辨明技术事实，但专家证人身份立场中立性难以保证，发表意见的证明力和可信度相对较低❺，需进一步核实辨别。

技术调查官制度主要存在于大陆法系国家的司法制度设置中，如中国、日本、韩国等，技术调查官制度克服了技术法官存在的专业局限性及专家证人存在的中立性风险，能够有效解决知识产权诉讼中技术事实查明的难

---

❶ 南京市中级人民法院 . 南京法院知识产权司法保护状况（2017—2021）[EB/OL].（2022-04-27）[2023-11-10]. https：//mp.weixin.qq.com/s?__biz=MzA5OTIwMDMyNg==&mid=2656236451&idx=2&sn=76b0f73750a50122515d60e8adad6d34&chksm=8b23af8abc54269c9b2354182b06c5d636a46a8dcf739d6d09a20194 6e22170baac4400eb01a&scene=27.

❷ 市市场监管局与市中级人民法院签署共建合作框架协议——宁波保护中心开展知识产权纠纷案件审判技术辅助工作 [EB/OL].[2021-09-16]. http：//www.ipwq.cn/ipwqnew/show-3449.html.

❸ 李青文 . 德国联邦专利法院的运作及对我国的启示 [J]. 中国发明与专利，2022（6）：44.

❹ 白绿铁，卞建林 . 美国联邦民事诉讼规则证据规则 [M]. 北京：中国法制出版社，2000：215-216；齐树洁，洪秀娟 . 英国专家证人制度的改革的启示与借鉴 [J]. 中国司法，2006（5）：86-87.

❺ 宋健 . 专家证人制度在知识产权诉讼中的运用及其完善 [J]. 知识产权，2013（4）：27.

题。对于技术调查官的选任，大多国家和地区钟情于选择专利审查员担任技术调查官。一方面，专利审查员同时拥有专业知识和相关法律知识，在履行技术调查官职责时更加得心应手，容易梳理出技术问题和法律问题交织的部分；另一方面，专利审查员与国家公职人员属性类似，客观性和中立性能够得以保障，出具的技术咨询意见更具公信力。

韩国是亚洲首个设立专门法院来解决专利纠纷的国家，为了增强专利诉讼案件中的技术专业性，解决技术事实认定问题，韩国专利法院设立了技术审查官制度。《韩国技术审查官规则》从相关科学技术细分领域的任职经历、职称等级、学历等方面对技术审查官的资质提出具体要求，即选任应满足：具有在知识产权局 5 年以上的工作经验，或者是作为国家工作人员长期从事技术工作，或者是具有博士学位，或者具有硕士学位且具备 10年工作经验。❶

日本的技术调查官通常从特许厅中从事专利审查工作的人员、专利代理人协会推荐人选❷及专利律师中选拔❸。从日本的技术调查官的选任标准可以看出，相较韩国，日本对技术调查官的要求更注重兼顾技术水平和法律知识水平，要求有专利审查、代理或诉讼的经历。

从韩国、日本的技术调查官选任现状来看，专利审查员以其职业优势最获青睐，属于技术调查官的最优人选。下文将具体辨析专利审查员任技术调查官的优势。

三、专利审查员任技术调查官的优势

（一）双重优势，兼顾技术与法律

设立技术调查官制度的初衷，是为了提高知识产权诉讼案件的技术事实查明能力，辅助法官审理技术迭代较快、方案晦涩难懂、技术事实精深

---

❶ 杜潇潇.论韩国专利法院建设及其对中国的借鉴意义 [J].中国发明与专利，2020（5）：84.

❷ 李菊丹.中日技术调查官制度比较研究 [J].知识产权，2017（8）：100.

❸ 沈昊.日本知识产权高等法院建设及其对我国的启示 [J].中国发明与专利，2020（4）：82.

复杂的案件，提高诉讼效率，提升审判公信力。对于技术调查官的职责界限，司法解释仅提到将技术调查官的职责限制在技术事实的认定范围内，而在知识产权诉讼案件中，技术问题和法律问题并不总是边界清晰的，很可能是相互交织在一起难以分割的。对于生产和科研一线的技术人员而言，需要相关的法律思维及法律知识进行补位。

专利审查员日常工作中涉及大量的针对现有技术的检索，使其对各自领域的技术发展脉络及技术发展趋势有清楚的理解和认识，持续的检索工作也能使其保持技术敏感度，维持技术优势。同时，相较于生产和科研一线的技术人员，专利审查员更具法律优势。一方面，常年的专利实质审查经验，成就了得天独厚的熟练于专利文献的特征比对、权利要求保护范围确定的法律优势。另一方面，由于熟知专利法和专利审查指南，专利审查员对于司法解释中较难掌握的术语如"功能性特征""本领域普通技术人员""惯用手段置换"等的理解也更到位。下面将结合具体案例进行论证。

以笔者参与审理的一起知识产权诉讼案件为例，该案涉及"功能性特征"的认定，以及"本领域普通技术人员"的站位。该案为专利侵权纠纷，侵权比对的主要争议特征是"电子仪器承托架盖体与壳体的可转动连接方式"，核心又聚焦在"以可转动的方式连接"是否属于"功能性特征"的认定上。

《最高人民法院关于审理侵犯专利权纠纷案件应用法律若干问题的解释（二）》（以下简称《解释（二）》）第八条规定："功能性特征，是指对于结构、组分、步骤、条件或其之间的关系等，通过其在发明创造中所起的功能或者效果进行限定的技术特征，但本领域普通技术人员仅通过阅读权利要求即可直接、明确地确定实现上述功能或者效果的具体实施方式的除外。"在《专利审查指南2023》第二部分第二章3.2.1中，对于功能性特征的概念也有相关记载："通常，对产品权利要求来说，应当尽量避免使用功能或者效果特征来限定发明。只有在某一技术特征无法用结构特征来限定，或者技术特征用结构特征限定不如用功能或者效果特征来限定更为恰当，而且该功能或者效果能通过说明书中规定的实验或者操作或者所属技术领域的惯用手段直接和肯定地验证的情况下，使用功能或者效果特征来限定发明才可能是允许的。"根据上述规定，专利审查和司法实践对于"功能性特征"的字面解释相近，指"通过其在发明创造中所起的功能或者效果进行限定的技术特征"，但两者在权利要求保护范围的认定上却有所不同。在专利审查阶段，权利要求中"功能性特征"的保护范围通常被认为是涵盖了所有本领域技术人员能够实现相应功能或效果的实施方式。而在专利侵权诉讼阶段，《最高人民法院关于审理侵犯专利权纠纷案件应用法律若干问题的解释》第四条规定："对于权利要求中以功能或者效果表述的技术特征，人民法院应当结合说明书和附图描述的该功能或者效果的具体实施方式及其等同的实施方式，确定该技术特征的内容。"即在专利侵权诉讼阶段，权利要求中"功能性特征"的解释要受到说明书和附图的限制，是对"功能性特征"本身字面含义的限缩性解释，故争议技术特征是否属于"功能性特征"的认定对于专利权的保护范围及侵权诉讼的判定结果具有重要影响。

于该案而言，根据《解释（二）》第八条的上述规定，在判断"以可转动的方式连接"是否属于功能性特征时，一方面要判断其是否符合通过在发明创造中所起的功能或效果进行限定，另一方面还要判断是否属于例外情形。"以可转动的方式连接"确实属于通过功能或效果进行限定的方式，因此核心在于是否属于例外情形的判断。"但本领域普通技术人员仅通过阅读权利要求即可直接、明确地确定实现上述功能或者效果的具体实施方式的除外"，可见，在例外情形的判断中，需站位"本领域普通技术人员"。

《专利侵权判定指南（2017）》对于"本领域普通技术人员"的定义如下："本领域普通技术人员，是一种假设的'人'，他能够获知该领域中所有的现有技术，知晓申请日以前该技术领域所有的普通技术知识，并且具有运用该申请日之前常规实验手段的能力。"在专利审查阶段，相关术语通常称为"本领域技术人员"。在《专利审查指南2023》第二部分第四章2.4中，"本领域技术人员"的定义更加详尽："指一种假设的'人'，假定他知晓申请日或者优先权日之前发明所属技术领域所有的普通技术知识，能够获知该领域中所有的现有技术，并且具有应用该日期之前常规实验手段的能力，但他不具有创造能力。"可见，司法实践中的"本领域普通技术人员"和专利审查中的"本领域技术人员"亦有相近之处。专利审查员日积月累的"本领域技术人员"站位能力，使其相较于生产和科研一线的技术人员在"功能性特征"的认定过程中更具法律思维优势。

经检索专利文献发现，在该案所涉的电子器件支撑架领域，"可转动"系该领域公知的连接概念，属于本领域普通技术人员通过阅读权利要求即可直接、明确地确定实现相应功能的实施方式的情况。因此，"以可转动的方式连接"不属于功能性特征，不应按说明书和附图描述的转轴连接方式进行权利要求保护范围的限缩解释。从该案可知，专利审查员通过检索现有技术文献获取相关技术知识以趋于"本领域普通技术人员"的能力，以及经过专业培训及长期工作所形成的知识产权法律思维，相较于其他仅深耕技术的技术人员的优势不言而喻。

（二）小异大同，行政司法法理相通

专利审查员的工作是对专利申请进行实质审查，实现的是知识产权的源头保护。而技术调查官为知识产权审判提供技术支撑，涉及的是知识产权的司法保护。作为知识产权全链条保护中的重要两环，专利授权行政程序与司法审判程序之间亦有法理相通之处。专利审查员在对专利申请的新颖性、创造性进行审查的过程中，经常会涉及判断本申请与对比文件的技术方案、技术领域、技术问题、技术效果是否相同，与专利侵权诉讼中的等同侵权判断过程存在相似之处，审查员由此积累的业务优势在专利侵权案件的技术事实查明过程中尤为突出。

在专利侵权诉讼中，技术事实查明最常见的当属等同侵权的判断。等同侵权，是指被诉侵权技术方案中有一个或一个以上技术特征与权利要求中的相应技术特征从字面上看不相同，但属于等同特征，应当认定被诉侵权技术方案落入专利权保护范围。等同原则是专利侵权判定中的一项重要原则，将专利权的保护范围延伸至与专利权利要求中相应技术特征等同的部分，目的在于弥补专利权利要求的语言局限性❶，避免被控侵权人对专利权利要求中的某些技术特征非实质性的替代，而以不构成侵权为由逃避法律责任。如此，对于保护范围延伸的适度性、如何平衡好专利权人与社会公众的利益又成为新的难题。

为了提高等同侵权判断的法律确定性，统一不同执法部门的判断标准，《最高人民法院关于审理专利纠纷案件适用法律问题的若干规定》第十三条对等同特征进行了定义："等同特征，是指与所记载的技术特征以基本相同的手段，实现基本相同的功能，达到基本相同的效果，并且本领域普通技术人员在被诉侵权行为发生时无须经过创造性劳动就能够联想到的特征。"该定义中明确，等同特征的判断同样需要站位本领域普通技术人员，同时还需进行手段、功能、效果是否基本相同的判断，与专利审查中技术方案、技术领域、技术问题、技术效果是否相同的判断异曲同工。专利审查员在专利审批过程中积累的技术特征对比及事实认定经验，使其能够在上述判断过程中更为客观。

笔者参与审理的一起剥线机的专利侵权诉讼案件就涉及等同侵权的判断。该案的争议焦点在于：涉案产品的"第一从动齿轮与主动齿轮通过皮带传动连接"与权利要求1中的"第一从动齿轮与主动齿轮相啮合"是否构成等同。

在专利实质审查创造性判断"三步法"中，确定发明相对于现有技术实际解决的技术问题时，若只考虑区别技术特征，而不考虑该特征在整体技术方案中产生的技术效果，仍然无法准确确定发明相比于最接近的现有技术实际解决的技术问题。笔者结合上述专利审查经验，在等同特征判断过程中跳出单个技术特征所起作用是否实质相同的思维限制，通过技术特征作为有机结合部分在整个技术方案中所起作用及达到的整体效果是否实质相同来进行等同侵权的判断。

该案中，第一从动齿轮与主动齿轮之间的直接传动目的是将主动齿轮

❶ 国家知识产权局专利局专利审查协作江苏中心.医疗器械领域美国知识产权诉讼案例精解[M].北京：知识产权出版社，2020：55.

的旋转运动传递给第一从动齿轮，带动第一从动齿轮旋转。皮带传动的方式通常是主从同向传动，而齿轮传动的方式通常为主从反向传动。单纯考虑该技术特征时，涉案产品皮带传动连接方式与专利方案中齿轮啮合方式传动的旋转方向是相反的。但是，对于整体技术方案而言，旋转运动的最终驱动目的是驱动固定座左右往复运动。在装置实际运作过程中，主动齿轮驱动第一从动齿轮旋转需以顺时针旋转和逆时针旋转交替的方式进行，即在传动过程中需不停切换主从动齿轮的旋转方向。在该方式下，皮带传动、齿轮啮合传动方式在主从方向上的差异被弱化，实际区别在于往复运动驱动过程中"先往后复"及"先复后往"的先后顺序。对于驱动座的往复传动整体方案而言，作为整体机械传动中的一环，皮带传动或齿轮啮合传动的工作原理基本相同，均是为了实现传递旋转运动的功能，属于惯常替换，在各自技术方案中所达到的最终驱动效果也相同。基于上述分析，笔者作出属于等同特征的技术调查意见供合议庭参考。

专利授权行政程序与司法审判程序之间的法理相通，使得审查员对于技术调查官的工作更加得心应手，专利审查员对技术特征的有机结合及方案整体性的把握更到位，有助于透过现象抓住本质，准确把握技术方案核心，避免割裂技术特征、机械套用等同判断原则，有力支撑法官准确查明技术事实。

（三）覆盖全面，保障中立性、客观性

除了技术、法律双重优势外，专利审查员任技术调查官还具有其他多种优势。

技术调查官是法官审理知识产权案件的技术翻译助手，需要利用自身丰富的技术知识，将复杂难懂的技术事实用清晰的逻辑、简单明了的语言进行表述，协助法官快速整理案件争议焦点。然而，随着科技的发展，专业技术领域分工不断精细化，技术领域交叉不断复杂化，技术类知识产权案件审理面临的技术事实查明挑战日益增加，对于技术调查官的专业要求也更趋全面，通常要涵盖机械、光电、化学、医药、材料、通信、电学等技术领域，想要对每个细分技术领域的专家技术人员进行遴选和聘任是非

常有挑战的。我国技术调查官的来源除专利审查员外，还包括从社会招聘或从法院内部推荐的专业技术人员、兼职的高等院校教授等。但是，从专业技术人员及高等院校教授中选任技术调查官是一项十分困难的任务。一方面涉及专业领域适配的问题，高校教授通常涉猎领域前沿，研究较为深入但专业方向相对较窄，人员队伍限制使其难以满足领域覆盖需求。另一方面还涉及双向选择问题，专业技术人员达到相应技术水平时通常有更多就业机会选择，专职技术调查官未必是其首要之选。此外，相较之下，专业技术人员社会背景更显复杂，作为兼职技术调查官其中立性难以保障。而国家知识产权局及其下属单位拥有全领域的审查专家和技术专家，具有得天独厚的人才优势，人员之间有结构化的审查单元划分，能够完美适配技术调查官的专业领域需求。

专业性是技术调查官发挥作用的基础，而中立性、客观性是其内在要求。司法实践中，技术调查官全程参与诉讼活动，指引技术事实调查方向，梳理案件的争议焦点，提出技术调查意见。这就要求技术调查官能在诉讼过程中保持中立性，客观地提供技术调查意见。技术调查官制度下，不少学者质疑法官可能会过分依赖技术调查意见，造成司法裁判权的让渡，使得技术调查官成为"影子法官"。而该观点的症结本质上还是在于技术调查意见是否真正客观中立。专利审查员作为专利行政部门的工作人员，履行法院和法官指派的工作任务时，能够保障技术调查官的中立性。

四、小　结

技术调查官制度是健全技术类知识产权诉讼案件审理机制中的一项重要制度，技术调查意见的中立性、客观性、科学性关系着案件审判的走向，因而技术调查官的合理选任成为重中之重。专利审查员兼顾法律技术双重优势，人才覆盖面广，专业匹配度高，是技术调查官的不二人选。

《"十四五"国家知识产权保护和运用规划》指出，要加强知识产权全链条保护，统筹推进知识产权审查授权、行政执法、司法保护、仲裁调解、行业自律、公民诚信等工作，构建严保护、大保护、快保护、同保护的工作格局，全面提升保护能力。专利审查员兼任技术调查官，是专利行政保护和司法保护协调配合，也是打通知识产权全链条保护的重要尝试。专利审查员和技术调查官双重身份的结合起到了"1+1 > 2"的作用，对于打通知识产权全链条保护具有重要意义。

专家陪审员制度在技术类知识产权诉讼中的检视与完善

——以苏州知识产权法庭专家陪审员参与审结的 534 件技术类知识产权案件为样本

胡　亮[*]　彭龙泉[**]

摘要： 苏州知识产权法庭技术型人民陪审员是在"一基三面"技术调查官苏州模式基础上，经国家知识产权局专利局专利审查协作江苏中心推荐，由所在辖区基层人民法院会同区司法局、公安机关经遴选予以任命。自 2020 年 12 月首批技术型人民陪审员参审以来，法庭所结技术类知识产权案件呈现出裁判质量提升、案件审理效率加快、案件判赔支持率较高的特点，有力破解了案件因技术事实查明难而引发的权利人举证难、审理周期长、损害赔偿额低等问题。然而，我们也发现技术型人民陪审员机制在遴选任命、参与审理及管理培训等方面还需完善，主要原因在于技术型人民陪审员参审技术类知识产权案件没有直接、专门法律规范予以指引。对此，可参照最高人民法院《关于具有专门知识的人民陪审员参加环境资源案件审理的若干规定》，制定具有专门知识的人民陪审员参加知识产权案件审理的若干规定，明确技术型人民陪审员参审案件范围、合议庭组成、职责履行等问题，进一步提升技术类知识产权案件审理水平。

---

[*]　江苏省苏州市中级人民法院。

[**]　国家知识产权局专利局专利审查协作江苏中心。

我国知识产权案件专家陪审员制度实践始于 20 世纪。1985 年《最高人民法院关于开展专利审判工作的几个问题的通知》其中提出要发挥技术专家的作用,"可以邀请他们担任陪审员,直接参与专利审判工作"。1991 年,最高人民法院在《关于聘请技术专家担任陪审员审理专利案件的复函》中回应:"人民法院在审理第一审专利案件时,可以根据该案件所涉及的技术领域,聘请有关技术专家担任陪审员。"经过多年实践探索,相关制度建设已然成熟。2019 年,《最高人民法院关于适用〈中华人民共和国人民陪审员法〉若干问题的解释》(以下简称《人民陪审员法司法解释》)首次以司法解释的形式确认专家陪审员制度,具有普遍适用性和约束力。❶ 在地方实践中,为提升技术类知识产权案件审判质效,苏州知识产权法庭自 2019 年起就开始尝试由人民陪审员参与部分一审知识产权案件的审理,并在 2021 年正式遴选 30 名技术型人民陪审员全面参与法庭技术类案件审理。现制度运行 2 年有余,应适时总结相关工作经验,并及时检视欠缺和不足,以期达到可复制、能推广、见实效的效果。

一、技术型人民陪审员制度运行情况

苏州法院技术型人民陪审员制度以 2017 年苏州知识产权法庭成立之初构建的"一基三面"技术调查官苏州模式为基础。"一基",是与审协江苏中心开展战略合作;"三面",是指积极拓展与相关企业研发机构、院校及兄弟法院的合作渠道,多路径破解因技术事实查明难而引发的审理周期长问题。随着法庭技术类知识产权案件迅速增长,为实现技术调查官队伍效用最大化,法庭在全国首创技术调查官担任法院"特邀调解员"和"人民陪审员"的"一官二员"新机制。2020 年 12 月,法庭经遴选确定了包括固定制技术调查官在内的 30 名技术专家担任技术型人民陪审员,截至

---

❶ 《最高人民法院关于适用〈中华人民共和国人民陪审员法〉若干问题的解释》第三条第三款规定:"因案件类型需要具有相应专业知识的人民陪审员参加合议庭审判的,可以根据具体案情,在符合专业需求的人民陪审员名单中随机抽取确定。"

2023 年上半年，技术型人民陪审员共参与法庭各类技术类案件审理 678 件，其中结案 532 件。所结案呈现如下特点。

案件裁判质量提升。在 532 件已结案件中，以判决方式结案 127 件，其中因当事人不服提起上诉的 36 件案件，至今无 1 件被最高人民法院予以发回或者改判；以调解和撤诉方式结案 329 件，占结案总数的 61.8%，该项指标与法庭同期审结的所有技术类知识产权案件调撤率 55.6% 相比高出 6.2 个百分点。法庭 2022 年技术类案件的调撤率较 2021 年技术型人民陪审员任命初期的调撤率同比增长 107.3%。由此可见，由技术型人民陪审员参与案件审理这一关键变量，对纠纷实质性化解起到了积极贡献。例如，在涉"电缆支架"侵害实用新型专利权纠纷案❶中，技术型人民陪审员从侵权产品内部原理出发展开针对性分析，协助法官妥善充分地进行事实认定并向原告进行详细说明，消除原告对于技术理解的偏见，最终原告同意撤诉，大大提高了审理效率。

案件审理效率提高。技术型人民陪审员参与审结的 532 件技术类案件，平均审理周期为 126 天，该指标较之法庭审结所有技术类案件的平均审理周期还要少 14 天。值得注意的是，第一审技术类知识产权案件审理周期长，除了需要处理第一审民事诉讼程序特有的送达（涉外）、管辖权异议、追加案件当事人、保全等事项，还要解决技术类案件涉及的技术鉴定、现场勘验等技术事实查明问题，相关工作即便在技术型人民陪审员的参与之下仍需花费大量时间。例如，在涉"办公管理系统"计算机软件开发合同纠纷案❷中，对于双方诉争的 100 余项软件功能是否符合合同需求，技术型人民陪审员通过初步梳理—庭前听证—再次梳理，对上述各项功能的完成情况及责任划分情况给出了明确而详细的认定，有效提高了审理效率，缩短了审理周期。

案件判赔支持率较高。在 127 件以判决方式结案的案件中，除去 6 件原告未主张损害赔偿的侵害实用新型专利权纠纷、专利权权属及专利申请

---

❶ 参见苏州市中级人民法院（2021）苏 05 民初 1533 号民事判决书。
❷ 参见苏州市中级人民法院（2021）苏 05 民初 1457 号民事判决书。

权权属案件，121 件中法院判决支持原告全部或者部分赔偿请求的案件 97 件，平均判赔额约为 35 万元，支持率为 58%（见表 1）。与技术调查官作为审判辅助人员仅就技术事实查明提供参考意见不同，技术型人民陪审员享有裁判权，其在合议庭评议案件时能够提出专业意见❶，尤其对于侵权成立情况下判赔所需考虑的专利价值、产品利润率、技术贡献率等因素提供更为客观和科学的意见，使得赔偿范围和力度与权利人技术成果的创新程度相适应。

表 1　判赔额支持率

判赔额区间 / 万元	案件数量 / 件	平均支持率 /%
（0，20]	64	20.0
（20，50]	18	49.8
（50，100]	11	69.8
（100，+∞）	4	92.5

二、技术型人民陪审员制度面临的现实困境

从上述案件指标可以看出，相比于普通人民陪审员，技术型人民陪审员因具备专业知识，在查明技术事实、提高审判质效、维护司法权威性等方面具有优势。最高人民法院对此亦认为："案件事实认定涉及相关专业领域知识，如果具有该方面专业知识的陪审员能够参与案件审理，对于查明案件事实、准确作出认定将有助益。"❷但经调研发现，该制度实际运行过程中也反映出在选任、审理和管理等方面的问题。

（一）选任层面

一是选任流程较为复杂。根据《中华人民共和国人民陪审员法》（以

---

❶ 韩静茹.专家参与民事诉讼的类型化分析——以我国民事证据立法的最新动向为背景[J].西部法学评论，2013（2）：61.

❷ 最高人民法院政治部.《中华人民共和国人民陪审员法》条文理解与适用[M].北京：人民法院出版社，2018：230.

下简称《人民陪审员法》）第十一条❶规定可知，因审判活动需要采取个人申请和组织推荐方式产生人民陪审员候选人，其资格审查、人选确定、提请任命的工作主要由基层人民法院负责。苏州知识产权法庭属于苏州市中级人民法院内设的专门审理知识产权案件的机构❷，故法庭技术型人民陪审员具体由苏州市中级人民法院所在辖区，且与苏州知识产权法庭地理位置相近的苏州市虎丘区人民法院选任，操作流程大致为：先由审协江苏中心进行推荐产生人民陪审员候选人，然后经苏州市虎丘区司法局、苏州市虎丘区人民法院、苏州市中级人民法院等进行资格审查确定人民陪审员人选，最后由虎丘区人民法院院长提请苏州市虎丘区人民代表大会常务委员会任命，经宣誓后进入人民陪审员库。可见，当中级人民法院因审判活动需要选任人民陪审员参与案件审理时，需要由基层人民法院代为实施，其选任程序较为复杂。这是目前全国具有第一审技术类知识产权案件管辖权的中级人民法院所面临的共同问题。

二是选任人数相对有限。为充分保障人民群众参与司法工作的广泛性和公平性，《人民陪审员法》第十一条第二款对于通过个人申请或组织、团体推荐的方式产生的人民陪审员数量作出了特别规定，其数量不得超过人民陪审员名额数的 1/5。苏州知识产权法庭首批选任的技术型人民陪审员为30 名，经检索全国其他地区情况，有限数据显示数量控制在 20 ～ 30 人的小规模区间。❸技术型人民陪审员不同于一般人民陪审员，在近年来技术类案件数量激增的态势下，对技术型人民陪审员的选任人数加以限制，由此可能导致两方面问题。一方面，司法实践过度使用某一技术型人民陪审员，影响其对案件所涉技术内容的准确评估，进而降低案件审理质效；另一方

---

❶ 《人民陪审员法》第十一条规定："因审判活动需要，可以通过个人申请和所在单位、户籍所在地或者经常居住地的基层群众性自治组织、人民团体推荐的方式产生人民陪审员候选人，经司法行政机关会同基层人民法院、公安机关进行资格审查，确定人民陪审员人选，由基层人民法院院长提请同级人民代表大会常务委员会任命。"

❷ 参见《最高人民法院关于同意南京市、苏州市、武汉市、成都市中级人民法院内设专门审判机构并跨区域管辖部分知识产权案件的批复》。

❸ 青岛知识产权法庭首次邀请专家陪审员参与案件审理，21 名涉及机械、物理、化工、医药、海洋等多领域技术专家担任陪审员 [EB/OL].[2023-09-01].sdcourt.gov.cn.

面，限制专业陪审员数量可能导致任期内特定技术领域的案件经常是由一个或者几个特定的技术专家作为陪审员，由此引发社会公众对案件裁判公正性的质疑。

三是专业领域相对笼统。法庭选任的技术型人民陪审员专业领域虽涵盖计算机、机械、材料、电子、生化医药等多个前沿领域，但近年来技术类知识产权案件所涉技术领域愈加复杂、多样，大量的技术类案件所涉技术领域由最初的单一领域变为复合交叉领域，技术型人民陪审员在某一特定专业领域具有技术专长，但在涉及多个领域时亦面临着专业壁垒，"拥有多么傲人的背景和经历，其专业知识领域必须与案件的争议事项紧密契合"❶。比如在法庭审理的涉"真空腔仓盖开启装置"侵害实用新型专利权纠纷案❷中，所涉技术既涉及机械领域，同时又涉及电学领域。此外，即便是单一领域，往往也涉及多项分支。例如，常见的机械领域就涉及流体机械、动力机械、切削机械、增材制造机械等众多分支，选任范围只能根据技术专家专业大类进行遴选，无法具体细化到某一分支。

（二）审理层面

一是案件所涉技术领域与技术专长不相匹配。《人民陪审员法司法解释》规定，专家陪审员可以根据具体案情，在符合专业需求的人民陪审员名单中随机抽取确定。然而，技术类知识产权案件所涉技术领域非常广泛，常见的技术领域就有信息技术和计算机、通信和电信、生物技术和医药、环境科学和能源、电子和电气等。分案随机确定技术型人民陪审员的方式，无疑加大了案件所涉领域与所分配技术型人民陪审员技术专长的匹配难度，实践中不免出现某一机械类专业的技术型人民陪审员参与审理化学材料类技术类案件的情况，出现专家不"专"的情形。

二是技术意见的发表有赖于个人主观判断。在合议制中，合议庭成员可以就案件的事实、证据和法律适用等问题进行讨论和辩论，通过相互交

---

❶ 刘慧.英美法系专家证人与专家证据研究 [M].北京：中国政法大学出版社，2018：132.

❷ 参见苏州市中级人民法院（2019）苏05知初1196号民事判决书。

流、发表意见、提出疑问等方式来达成共识。其中，案件事实分为法律事实和技术事实，法律事实在合议制下相对容易把控，如无法把控可以提交法官会议或者审委会讨论。但是，对技术事实的认知和评价往往是一项主观活动，如公知常识、等同侵权、现有技术的判断等，在评断当事人双方提出的技术性证据和事实主张时，专家陪审员依据既有知识储备，见解不可避免地带有个人主观色彩。

三是法官对技术型人民陪审员的指引缺少抓手。实践中，技术型人民陪审员对案件中技术事实的认定往往决定着最终的裁判走向。然而，受时代条件和科技发展水平影响，尚有许多技术性事项处于争议之中。即使是已经较为成熟的科学技术，以具体案件事实呈现时仍然不乏争论的空间。法官虽然是法律专业人士，但他们与技术型人民陪审员沟通时缺乏对技术领域的专业理解，导致法官难以以简明扼要的方式解释技术问题，或者无法理解和回应技术型人民陪审员提出的具体技术问题，导致在对技术型人民陪审员进行指引时，法官可能无法提供足够的技术细节和背景知识，从而无法满足技术型人民陪审员对案件进行理解的需求。

（三）管理层面

一是管理方式上存在缺漏。从理论而言，技术型人民陪审员是技术调查官身兼人民陪审员，因而对其的管理应遵循《人民陪审员法》中"人民陪审员的培训、考核和奖惩等日常管理工作，由基层人民法院会同司法行政机关负责"的规定。但实际来看，技术型人民陪审员的人事组织关系不属于法院而属于其原单位，法院难以建立起有效的日常管理机制。以法庭技术型人民陪审员为例，其组织关系隶属于审协江苏中心，但根据《人民陪审员法》规定，其同时受虎丘区人民法院、虎丘区司法局、苏州市中级人民法院的多重管理，难免出现"管的太多"和"放任不管"的情形。

二是考核指标相对单一。从普通技术调查官到技术型人民陪审员，虽然都是专业技术出身，但因两者身份大不相同，故在审判活动中所承担的工作和负担的责任亦有所区别。对于技术型人民陪审员的业绩考核，实践中仍然是对照技术调查官参与案件审理数量的标准进行考核，这种考核方式过于单一，一来可能导致其忽视了案件的质量和细节，二来可能忽略了其对自身专业素养的培养和提升，甚至可能会导致其为了完成更多的案件而出现不当行为，如忽略调查的严谨性、不充分的证据收集等，从而影响案件的质量和公正性。

三是培训次数较为有限。《人民陪审员法》第二十五条第二款规定："对人民陪审员应当有计划地进行培训。"尤其是技术型人民陪审员，其专业素养和能力直接关系到创新保护需求能否得到满足，继而影响社会创新创造活力。因此他们需要具备高水平的专业知识和素养，同时也需要了解司法程序和法律知识，以便能够在案件审理中作出独立、公正的决策。如果陪审员的培训次数较少，无法保持专业知识的更新和提升，可能会影响公众对陪审员和司法判决的信任和认可。

三、技术型人民陪审员制度运行困境成因

（一）缺少技术型人民陪审员参与技术类知识产权案件审理的法律规范

当前司法实践中，各地法院技术型人民陪审员参与审理技术类知识产权案件是根据现行人民陪审员制度框架内的《人民陪审员法》《人民陪审员法司法解释》《人民陪审员选任办法》等规定，但实际上，并无专门针对技术类知识产权案件乃至更大范围的知识产权案件人民陪审员的相关规范，由此导致技术型人民陪审员在选任、应用及管理方面存在突出问题。

然而，最高人民法院于2023年7月27日发布《关于具有专门知识的人民陪审员参加环境资源案件审理的若干规定》，就环境资源案件具有专门知识人民陪审员参审案件范围、在具体案件中的确定，以及合议庭组成、职责履行等问题予以规范。该规定起草背景提及，专门性事实查明是环境资源案件审理中的重点和难点问题。一方面，生态环境侵权具有长期性、隐蔽性、滞后性及损害后果不确定性等特点，损害数额的认定、行为与损

害后果之间的因果关系等事实的查明需要借助环境科学领域专业知识。另一方面，在生态环境修复领域，修复目标的确定、修复方案的选择、修复过程的监督和修复效果的评估同样涉及大量专业技术性问题。此外，作为当前环境资源审判的重要技术保障，环境损害司法鉴定尚存在鉴定机构和人员不能满足实际需求、鉴定周期长、费用高等问题。囿于专业知识的不足，人民法院审查、采信鉴定结论也存在一定困难。

知识产权案件，尤其是技术类知识产权案件，与环境资源案件有着诸多相同之处。首先，从裁判导向上看，技术类知识产权案件涉及科技创新成果的取得、运用和保护问题，对于技术发展和经济竞争具有重要意义；而环境资源案件涉及环境保护和可持续发展，对于社会的可持续性和生态平衡具有重要意义。其次，从专门性事实查明来看，它们都需要专业知识进行判断和决策。在技术类知识产权案件中，法官和技术型人民陪审员需要查明判断侵权与否、权利归属等相关联的技术事实；而在环境资源案件中，涉及环境污染、自然资源利用等问题，需要依据环境科学、生态学等专业知识来评估案件事实和证据。最后，从技术辅助来看，在技术类知识产权案件和环境资源案件中，都可能会聘请相关的专家进行技术鉴定，而鉴定普遍存在周期长、费用高等问题。两类案件也都有赖技术调查官查明事实。

（二）法官对技术型人民陪审员参与案件审理的指引不足

比如，缺乏技术解释和指导。由于技术型人民陪审员具备专业的技术知识和经验，法官可能认为他们已经具备了足够的技术理解和判断能力。因此，法官可能没有提供充分的技术解释和指导，使技术型人民陪审员能够更好地理解案件中的技术问题和专业知识。比如，对技术型人民陪审员的期望不明确。有些法官可能期望他们提供专业的技术意见和解释，而有些法官可能更倾向于将他们视为一般陪审员，只关注他们对案件事实的判断。这种期望的不一致可能导致法官在对技术型人民陪审员进行指导时存在困惑和不足。

（三）技术型人民陪审员的特点本身对于制度运行具有较高要求

对技术型人民陪审员选任机制而言，无论是通过随机抽取还是自行指定，仅仅依靠法院自身很难建立一套有效的选拔机制。在选任条件上，技术型人民陪审员不仅需要兼具法律与技术双重背景，更为重要的是要将二者融会贯通，从法律视角去挖掘探查技术事实。简单从法律、技术两个维度列举选拔条件，如教育背景、资格证书、工作经验等往往难以筛选出合适的陪审员。在参与审理时，技术型人民陪审员通常需要具备与参审案件相同或相近的专业领域从业经验，而对于技术型人民陪审员在该领域里的人际网络关系，法院无法进行逐一彻查，从而不可避免地存在因利益冲突而导致技术型人民陪审难以保持中立立场的风险。在培养机制方面，技术型人民陪审员的培养机制难以建立。技术型人民陪审员大部分都有自己主业或专职工作，其参与案件审理的频次具有较大的不确定性，从而办案经验难以得到有效积累。此外，兼职的陪审员工作对陪审员在经济收入和职业发展方面通常都难以形成有效激励，即使法院为其搭建了完备培训体系，也难以保证培训效果。

四、技术型人民陪审员制度运行完善路径

作为人民陪审员制度的重要组成部分，专家陪审制度应构建在现有的制度框架范围内，将其作为单独章节纳入人民陪审员制度体系，充分参考人民陪审员制度的民主优势和成功经验，同时从知识产权审判入手，明确切实可行的启动程序、参审范围、选任和运行机制，促进专家陪审制度在技术类知识产权案件审判领域发挥其应有功能。

（一）确定参审范围

专家陪审的适用范围应严格遵循案件的高度专业性要求，以案件事实认定是否涉及专业技术问题为标准确定。在案件类别上，知识产权审判三合一，且民事、行政、刑事均涉及技术事实查明问题，因此人民法院审理

的第一审知识产权刑事、民事、行政案件，符合《人民陪审员法》第十五条规定，且案件事实涉及复杂专门性问题的，由不少于一名具有专门知识的人民陪审员参加合议庭审理；在案由分类上，主要以疑难复杂的技术类案件为主，根据《苏州市中级人民法院知识产权审判庭人民陪审员组庭办法》，诉讼标的额低于 300 万元的下列一审案件原则上由技术型人民陪审员参与审理：发明专利、实用新型专利纠纷；技术秘密纠纷；计算机软件纠纷；植物新品种纠纷；集成电路布图设计纠纷；垄断纠纷。

（二）改进选任条件

陪审员的"专家"身份是专家陪审制区别于大众陪审制的正当基础，同时决定着制度运行的实际效果。确定"专家"资格认定标准是选拔适格专家陪审员的前提。❶ 为确保胜任协助法官审查鉴定人和专家辅助人意见的工作，专家陪审员必须拥有较高的专业知识水平，多数学者认为应将拥有高级专业职称或技术等级认证作为必要条件，并辅以一定的最低工作年限。对此，技术型人民陪审员的选任可以参照《最高人民法院关于具有专门知识的人民陪审员参加环境资源案件审理的若干规定》，要求技术型人民陪审员须符合如下条件：（1）具有知识产权领域专门知识；（2）在知识产权行政主管部门、科研院所、高等院校、企业、社会组织等单位从业三年以上。此外，技术型人民陪审员不设数量限制。人民法院参与人民陪审员选任，可以根据知识产权审判活动需要，结合案件类型、数量等特点，协商司法行政机关确定一定数量具有专门知识的人民陪审员候选人。

（三）健全参审机制

首先，应科学分案管理。具体可以参考深圳知识产权法庭的经验与做法，在技术查明方面探索完善专家陪审员启动和选择机制，由诉讼服务中心对陪审员进行专业分类，筛选专业对口的陪审员，采取"双向自愿＋随机挑选"机制，通过严格审批把关，最终确定参与案件审理的专家陪审员。

---

❶ 于增尊. 专家陪审制度冷思考——兼论审判阶段的专门知识供给机制 [J]. 时代法学, 2022（4）:67.

其次,要加强法官指引。建立健全法官指引机制是贯彻实施人民陪审员制度的重要环节,直接关系到人民陪审员作用能否得到充分、有效的发挥,关乎司法领域人民民主的实现。审判长应当依照《人民陪审员法》第二十条的规定,对具有专门知识的人民陪审员参加的下列工作,重点进行指引和提示:(1)技术事实的调查;(2)就是否进行证据保全、行为保全提出意见;(3)庭前会议、证据交换和勘验;(4)就是否委托司法鉴定,以及鉴定事项、范围、目的和期限提出意见;(5)协助法官审查鉴定意见和专家辅助人意见。

最后,应建立科学的合议庭评议规则。在案件评议时,应让技术型人民陪审员先行发言,肯定其事实认定结论的专业性,并形成对法官的拘束力。技术型人民陪审员发表意见不可简单地表达结论,而应充分说明得出结论的事实依据和推理过程。技术型陪审员和法官共同对案件事实负责,当意见出现分歧时,应当是多数人意见对案件事实作出认定,但少数意见也应记入笔录。在参审组织结构方面应与案件的实际需要相符:其一,对于技术问题相对简单的案件,可以采用"2名法官+1名技术型人民陪审员"的合议庭组成模式。其二,对于技术问题较为复杂的案件,可以采用"1名法官+2名技术型人民陪审员"的合议庭组成模式。其三,对于技术问题特别复杂或者涉及重大公共利益的案件,应当采取大合议庭陪审机制,由"3名法官+2名以上技术型人民陪审员"组成合议庭进行审理。合议庭总人数应始终为奇数,以确保能够形成多数意见,并形成技术型人民陪审员对司法活动的有效监督。

(四)完善管理机制

在管理层面,首先要建立明确的选拔标准,确保技术型人民陪审员具备相关专业知识和经验。对此,可以在选任过程中采用面试和评估等方式评估其技术能力和适应能力,防止简单以单位组织推荐方式将不符合任职年限要求等条件的技术专家作为技术型人民陪审员。为了确保案件的多样性和技术型人民陪审员的多样化参与,可以参照深圳知识产权法庭的做法,建立技术型人民陪审员的科学分配机制，对入库的技术型人民陪审员按照其专业领域再分类，在分案时从细化的专业领域再随机分配。在考核层面，评估指标更应符合客观实际，具体可以基于专业知识的运用（定期组织行业专家随机抽取 1 ～ 2 份技术咨询意见进行打分）、案件分析的准确性（案件被改发率）、协作和沟通能力（定期组织法官和其他技术型人民陪审员对其工作表现进行考评）等指标。根据评估结果，提供及时的反馈和建议，帮助技术型人民陪审员改进自己的表现和提高参与效果。在培训层面，除了提供针对技术领域的专业知识培训，包括技术原理、行业标准等方面的知识，还应重点加强案件方面的培训，随时更新并提供知识产权审判前沿动态、知识产权审判法律法规解读、知识产权审判思路等专业化培训，帮助技术型人民陪审员更好地理解知识产权案件不同于其他民商事案件的特点和其重要意义，进而作出准确的判断。此外，在条件允许的情况下，还应提供沟通、协作和团队合作方面的培训，如可以让技术型人民陪审员参加法院组织的各类活动，帮助技术型人民陪审员与法官和其他陪审员的有效合作，促进案件审理的顺利进行。

SHIJIANTANSUOPIAN

实践探索篇

技术调查官技术思维与法律思维的融通

——以技术秘密案件中技术事实的查明为切口

李昕玥*　　吴瑶裔**

摘要： 技术调查官作为技术领域专业人士，在辅助审判人员就有关案件技术方面的争议焦点查明及认定技术事实方面发挥着"技术外脑"作用。然而法律知识阙如、信息不对称及技术秘密特性等问题使得技术思维和法律思维供需失衡，技术意见与法律认定产生出入，导致案件审理效率降低、技术调查官作用受阻滞，司法公正裁判受影响。因此应厘清技术思维和法律思维的异同点，重塑二者先后位阶，实现两种思维各司其职、相辅相成的良性融通。在认识论层面上，通过培养批判性思维、证据思维和法条思维打造系统性思维方式；在方法论层面上，通过合理采纳技术意见、常态化开展交流培训及探索建立法官指示制度来加强机制保障，以期实现技术调查官制度应有功效的充分发挥，确保知识产权审判中技术事实查明工作准确、高效。

以技术秘密案件为代表的技术类知识产权案件审理要点、难点、堵点在于技术事实查明，技术调查官作为法官的"技术外脑"，通过辅助审判来确保技术判断的准确无误。然而，在具体案件审理中，因认知偏差、思维

---

 * 江苏省苏州市中级人民法院。
 ** 国家知识产权局专利局专利审查协作江苏中心。

惯性等原因导致技术和法律之间存在融合障碍。本文以具体的技术秘密案件为切入点，剖析技术思维和法律思维的冲突现状，追溯冲突之因，基于技术调查官的角色定位重塑两种思维的关系，并从思维认知和具体操作两个层面寻求思维融通之法、解题之道。

一、审视：思维模式分歧下的技术事实查明困境

技术秘密案件由于专业性较强，故大多启用技术调查官辅助查明技术事实。由此，也引发了技术人员参与技术调查时的技术思维与法官进行司法审判时的法律思维之间的碰撞。

（一）分歧类化：技术思维与法律思维碰撞

基本案情：在原告张家港某公司与被告陈某、某科技公司、某化工设备公司侵害技术秘密纠纷一案中，关于涉案技术秘密的非公知性和同一性问题，原告主张其涉三聚甲醛合成及精馏生产工艺相关的三十个秘点，区别于公知技术，为公司严格保密的核心技术。三被告的四项发明专利所涉工艺与原告主张技术秘密的生产工艺高度相似，构成相同或实质性相同。三被告则认为，非公知性的举证责任在于原告，原告提供的证据不能证明其主张的秘点具有非公知性，并且被告提交的证据已能证明涉案技术秘密已被公开。同时，原告主张保护的秘点与涉案专利对应的内容存在实质区别。

1. 非公知性认定的分歧：相对秘密与绝对秘密

对于该案技术秘密的非公知性认定，技术调查官系从客观事实层面进行认定，即调查涉案秘点的绝对秘密性，针对涉案秘点依职权进行穷尽检索，继而基于检索所获得的多篇现有技术，与涉案秘点逐个进行详尽的技术比对，得出原告主张的部分技术信息未被公开、部分技术信息已被公开的技术调查结论。

法官则将非公知性认定的技术参照明确为被告举证的证据，以被告举证的公开材料为检索对象，与涉案秘点进行一一比对，从而得出原告主张的技

术秘密属于不为公众所知悉的最终裁判意见，此处秘密性实际为相对秘密性。

2.同一性判断的分歧：完全相同与实质性相似

对于该案技术秘密的同一性认定，技术调查官的思路为查明涉案秘点与涉案专利是否完全相同。将涉案的每个秘点的方法步骤与被诉专利的相应文献进行逐一对比，得出原告秘点部分与被告专利完全相同、部分与被告专利不完全相同的技术调查结论。

法官则着眼于关键技术特征，从被诉专利文献与涉案技术秘密的异同程度，以及所属领域的相关人员在被诉侵权行为发生时是否容易想到被诉专利与涉案技术秘密的区别两个层次把握同一性的判断，从而得出被诉侵权专利与涉案技术秘密实质上相同的结论。

从案件的技术调查过程来看，技术调查官作为强技术属性人员，其所天然具备的从客观事实出发、追求无限求真以接近客观真理的技术思维，主导着技术调查聚焦在技术秘点的客观事实认定。而法官作为强法律属性人员，其所天然具备的从法律规范出发、分析和解决问题的法律思维，主导着技术调查聚焦在技术秘点的法律事实认定。

（二）分歧后果：桎梏技术类案件审理质效

不同思维主导着技术事实调查走向不同的方向，给实践中的技术事实查明及案件后续审理带来诸多困难与挑战。

1.降低案件审理效率

技术类案件尤其是技术秘密案件审理周期较长，动辄将经历一年甚至更长的时间，其中技术事实勘验、鉴定等占据很大一部分时间。技术调查官的参与有效弥补了法官在专业技术上的知识短板，起到承接、沟通法律和技术的纽带作用，通过为技术事实调查提速来提高诉讼效率。若在实质性参与审理中，因技术调查官思维模式的分歧致使技术事实认定存在偏差，则可能导致事实查明的循环反复，造成诉讼主体应诉成本浪费，长此以往将打击权利人通过诉讼维权的积极性。

2. 阻滞专业作用发挥

技术调查官主要协助法官处理案件中杂糅的技术问题，分析专业性较强的技术事实，以咨询意见的方式加深法官对案件事实的理解，从而保障案件的专业审理和顺利审结。在技术秘密案件中，如技术咨询意见与最终裁判结果存在出入或冲突，将导致这一领域案件中技术咨询意见被采纳率大幅降低。而技术咨询意见的采纳率恰与技术调查官专业作用发挥程度成正比，采纳率的降低一定程度上标示着技术调查官的"技术外脑"功能未能充分体现。

3. 影响司法裁判公正

技术调查官的意见能够帮助法官更客观、精准认定案件事实，从而作出公正的判决。换言之，技术咨询意见一经采纳将对直接裁判结果产生影响，并直接涉及诉讼当事人的实体利益。若在技术秘密案件中仅依据技术思维惯性地认定事实而忽视当事人的举证情况、举证责任的分配等因素，会不合理地扩大或缩小技术信息受保护的范围，影响技术秘密侵权认定结果的合理性，进而实质性影响案件最终裁判结果的公正性。

二、剖析：技术思维与法律思维分歧的产生原因

实证分析表明，技术调查官在技术调查过程中，通过技术思维作出的技术判断与案件法官依托法律思维进行的法律认定有一定的碰撞和冲突，主要原因在于供给侧与需求端之间的衔接不畅，供与需之间存在明显的剪刀差。

（一）需求端：综合性思维需求迫切

1. 技术秘密特性引发思维需求更新

目前，技术调查官主要由技术专家、高校教师、专利审查员等组成❶，

---

❶ 目前全国三家知识产权法院及南京、苏州知识产权法庭的技术调查官主要来自国家机关、行业协会、大专院校、科研机构等。参见杨秀清.我国知识产权诉讼中技术调查官制度的完善[J].法商研究，2020（6）：167-168.

在参与法院案件审理前，主要从事技术研发、专利审查等本职工作。与技术方案对技术特征的详尽列举，或是专利将技术特征明确固定于权利要求书不同，技术秘密的秘密点是对技术事实的概括性描述，需由原告在诉讼中明确其技术信息的具体内容。从平衡保护原被告利益的角度而言，对技术秘密的事实查明应当在整体技术方案描述的基础上，结合双方举证进一步考量秘密点、秘密点中的技术特征或技术要素与整体技术方案之间的关系。❶此外，与专利法中技术特征新颖性的绝对非公知不同，技术秘密的非公知性属于相对非公知，系证据法理论上的待证事实，需要结合举证情况进行综合判定。据此，因技术秘密案件在举证责任分配、证明高度等方面有其特殊要求，易产生在技术秘密案件中沿用技术研发或专利审查的惯性思维，最终导致技术判断结论与司法认定存在出入。

2. 技术与法律交织引发思维需求升级

通常而言，需要技术调查官协助查明的技术事实可以分为两类：一是客观的技术问题，如产品的成分、含量、配方的比例等；❷二是具有主观性、涉及技术内容的法律意义的技术问题，如非公知性及同一性等。❸技术秘密案件中，对秘密构成与否需要结合技术信息的公知性、价值性与实用性、保密措施的适当程度等事实进行综合判断。在认定上述技术性事实时，并非仅根据客观事实作出相应判断，而是需要结合法律规范、举证规则等综合判断。质言之，技术秘密案件中的技术事实涉及专业问题和法律问题的相互交合，难以截然划分"上帝或是凯撒"。而相关技术概念、标准和判断与法律规范不必然一致，单纯依靠技术思维进行事实认定并直接使用认定结论，易导致判决结果存在一定风险，仅依靠技术思维查明的事实难免存在待商榷之处。

---

❶ 董凡,周晓波.商业秘密非公知性构成要素的认定困境与解释进路——以我国679份商业秘密侵权案件为研究样本 [J]. 太原理工大学学报（社会科学版）, 2023（4）: 66.

❷ 徐棣枫,黄斌慧.商业秘密侵权诉讼中技术事实的查明 [J].重庆大学学报（社会科学版）,2014（6）: 124,

❸ 徐杰.知识产权审判实务技能 [M].北京:人民法院出版社, 2013 : 232.

（二）供给侧：固有思维模式回应不足

1.法律知识阙如导致法律思维供给不足

案件审理遵循司法三段论的演绎推理模式决定了技术调查官职能的发挥始终绕不开个案所涉的实体法规范。同时，基于裁判结果合规范性和正当性的考虑，技术调查官亦无法回避程序法和证据法的相关规定。❶换言之，技术事实查明对法律规范的依赖体现在认定对象确定和认定过程的规范化上，依托于相应法律知识的指引。尤其在技术秘密案件中，顶层设计为缓解原告举证难度，对证明责任作出分配和规定。基于此，事实认定尤其要遵从有关程序要求和法律规范。相较于法官对法律规范的自觉遵循，技术调查官或沿用技术研发、专利审查的惯性思维，在事实认定中因自身认知阙如而容易忽视证明责任分配等法律内容；或虽有适用法律规范的意识，但在现有规定较为笼统的情况下，容易出现按图索骥、机械适用；抑或虽有根据在案证据开展技术调查的意识，但在证据评价上存在一定困难，上述情形均易导致查明结论与最终裁判结果产生偏差。

2.信息不对称导致技术思维无效供给

真实、有效且充分的信息是行为者作出正确决策的前提，然而现实情况下，信息在不同主体间不对称分布是常态。技术调查官的职责被严格限定为技术事实查明，技术意见内容仅针对技术事实，而不得涉及争议焦点的认定等法律问题。❷与法官亲历全案不同，技术调查官在案件中大多仅参与庭前会议、庭审等部分阶段，未能亲历全过程。关于当事人技术争议的情况，通常根据书面意见、庭审笔录及法官的归纳总结等加以掌握，对于案件情况的了解不够全面，易导致技术调查因案件资讯缺漏而产生偏差。

---

❶ 司吉梅.法官指示制度研究[D].重庆：西南政法大学，2019：150.

❷ 最高人民法院发布的《关于技术调查官参与知识产权案件诉讼活动的若干规定》第六条规定："参与知识产权案件诉讼活动的技术调查官就案件所涉技术问题履行下列职责：（一）对技术事实的争议焦点以及调查范围、顺序、方法等提出建议；（二）参与调查取证、勘验、保全；（三）参与询问、听证、庭前会议、开庭审理；（四）提出技术调查意见；（五）协助法官组织鉴定人、相关技术领域的专业人员提出意见；（六）列席合议庭评议等有关会议；（七）完成其他相关工作。"

此外，如前所述，技术秘密案件中部分技术事实查明依赖于举证规则的合理使用和举证责任的有效分配，上述内容较难在证据材料和诉辩意见中体现，将导致技术意见存在成为无效输出和供给的风险。

三、锚定：技术思维和法律思维的磨合

为更好开展技术调查，技术调查官需同时具备两种思维，在两种思维的磨合中应当求同存异、厘清位阶、有效磨合。

（一）存异：技术调查官制度的存在前提

1. 事实出发型与规范出发型

技术思维系事实出发型思维，客观事实是核心要素，讲求结果客观、真实；法律思维则为规范出发型思维，既有规范是核心要素，讲求结果合法、合规。[1] 正因两种思维模式存在不同的考量维度，方使技术秘密事实的查明既从事实出发，以客观技术特征、公开资料等为依据，确保结论真实、准确，又秉持规范出发型思维方法[2]，以程序保障为原则，以证据裁判主义、辩论主义为基础，掌握案件所需实体法的基础上，依据民事诉讼程序性规则和证据法规则对事实进行裁剪，确保结论规范、正确。

2. 问题导向与目的演绎

技术思维具有较强的目的导向，有针对性地为解决某一问题进行论证推导，追求实质理性。法律思维则属于目的演绎，着眼于知识产权立法目的与民事诉讼制度设计初衷，在解决问题的基础上，通过演绎、归纳、类推、辩证思维等逻辑方式实现演绎过程的合逻辑性。[3] 过于强调问题导向易发生思维的偏离，导致结论片面及武断；而过于强调目的演绎则易仅实现

❶ 李龙，闫宾.解读"规范出发型"诉讼理念——以具体个案为基点 [J].西南政法大学学报，2005（4）：43.

❷ 段厚省，郭宗才.规范出发型的民事案件裁判方法与民事抗诉案件审查方法 [J].法学，2008（8）：131.

❸ 邓哲，王再东，叶展，等.法律思维中的科学逻辑方法 [M].武汉：华中师范大学出版社，2014：97.

形式理性，而忽视结论的客观真实。因而既保留技术思维注重的客观真实性，也保留法律思维的追求的合法性，方能实现技术调查官效用的最大化。

3. 单向思维与衡平思维

技术思维系单向思维，着重于从客观事实到客观结果的推理；法律思维是衡平思维，兼顾到事实认定、规则适用等多方的平衡。技术事实查明既要讲求客观真实，也要注重法律真实；既要进行形式推理，也要进行价值推理。坚持法律思维的衡平模式能够确保技术意见立足正义这一最大公约数，兼顾技术思维的单向模式，能够确保技术意见实现合理化与正当化这一底线。

质言之，正是因为技术思维和法律思维在思维模式、逻辑基础、目标导向方面的差异，方能最大程度确保技术事实的查明既合理又合法，既准确又正确，此亦为技术调查官制度存在的前提。

（二）求同：技术调查官制度的关注核心

真、善、美内在地统一于人类的实践中，也内在地统一于科学中。法作为一种基本的、制度性的社会上层建筑之一，其正、反、合三维结构就是真、善、美。❶技术事实查明作为真伪判定的科学活动和追求真理的科学实践❷，同样蕴含着真、善、美的统一。

1. 求真：两种思维的首要追求

技术思维之真体现在对真理的追求。技术调查是一个追求客观真相，获取事实真知、结论真解的过程。以穷尽检索的方式确定技术信息是否为绝对秘密，以各技术特征逐项比对的方式判断是否具有同一性，是技术调查官运用技术思维接近真理、获取真相的过程。法律思维之真体现在对司法审判客观规律性的追求。运用法律思维既是通过证据规则、亲历庭审、听取诉辩意见，以自由心证方式模拟还原的事实之真，也是通过法律思维的运用达到的拟制的法律之真，亦是为真而论。因此，两种思维首先均要

---

❶ 吕世伦.法的真善美——法美学初探[M].北京：法律出版社，2004：1.

❷ 阎平.科学蕴涵真善美的统一[J].哲学研究，2003（5）：27.

实现客观事实的真实性或是推理结论的真实性，此亦为二者在运用和磨合中的基本盘。

2. 求善：两种思维的更高追求

技术思维之善是伦理之善，体现在合目的性及规律性，在对技术特征进行解释或判断时，要立足于本领域技术人员的基本认知，并以维护创新、激励创造为目的，实现实质性公平。法律思维之善是公正良善，体现在程序正义、结果公正。运用法律思维同样要因善而公，追求公平正义，既包括依据科学合理的抽象规则处理问题及程序的公正和独立自主；❶也包括在遵循规则之治的基础上，通过司法使规则与现实进行充分互动，引导动态价值评价体系。❷可见，技术和法律思维虽然分属不同制度体系，但对于公正的追求具有一致性，此亦为二者在运用和磨合中的黏着剂。

3. 求美：两种思维的最终追求

技术思维追求的美，是恪守科学价值论传统的理性，是最优社会效益。法律思维追求的美，是法社会学意义上的命题，是最优社会效果。技术思维追求"工匠精神"，将客观规律运用于技术调查实际过程并表达于现实的效果之中，在确保结论更接近事物本质规律的基础上，做有价值、有温度、有未来的研究和创新。法律思维追求"法匠精神"，按照立法精神和原则创造性地适用法律，实现理法情互为圆融的和谐境界，通过司法审判技能和技巧来均衡利益，实现法治社会人与人的和谐。此亦为二者在运用和磨合中的催化剂。

（三）融合：技术调查官制度的深层内涵

1. 各司其职：技术与法律位有先后

技术调查官机制的运行更多体现为职权主义❸，即以审判为中心，以法

---

❶ 陈林林. 法治的三度：形式、实质与程序 [J]. 法学研究，2012（6）：11.

❷ 李桂林. 实质法治：法治的必然选择 [J]. 法学，2018（7）：75.

❸ 卜红星. 知识产权诉讼中技术调查官制度的若干问题研究——以技术调查意见为视角 [J]. 中国司法鉴定，2021（2）：22.

官为主导的审判模式。技术调查官主要功能在于弥补法官查明技术事实的能力,并没有逾越民事诉讼法既定的界限,也无意打破职权主义与当事人主义的动态平衡。基于此,在磨合中应区分两种思维的先后位阶。

一是应坚持技术思维优先。技术思维是技术调查官工匠精神的集中体现,也是精准作出技术判断的基础和支撑。一方面,技术调查官的职能定位要求其在参加诉讼中应当发挥独立性和主观能动性,不应越俎代庖,代替法官审判,在提供咨询意见时应仍以技术判断为导向。另一方面,技术调查要据现有技术的状态、发展趋势及技术常识,作出事实认定和推理演绎,其以技术人员的能力为限。需不断精练业务能力,强化技术思维,以保证技术调查结论正确。

二是应以法律思维为引领。技术事实查明的合法性要求事实认定的过程必须遵守严格的程序法和证据法规范,法律思维为技术判断提供定位和方向。技术调查官工作实质即根据法律规定、运用逻辑思维思考、分析与判断的过程。对于理工科背景的技术调查官而言,为了能够更好地运用专业知识,并保证结论的客观性和正确性,必须在实践中重视法律思维的培养和运用,使其依附于证据规则、程序法,以保证技术调查结论合法。

2. 相辅相成:技术与法律良性互动

技术事实查明活动是价值理性和技术理性相结合的专门法律活动,离开了技术理性的支撑,法律的价值理性终将成为空中楼阁;离开了法律价值理性的指引,技术理性也将偏离初衷。以证据规则为例,证据问题是诉讼的核心问题之一,技术特征的质证、分析与认定是查明案件事实的依据,查明技术事实,主要是围绕证明责任、证据及所证明的技术事实,以及技术事实中的逻辑关系、技术原理和技术特点而展开。也即,技术调查官参与到诉讼活动中,系全过程、全方位切入与技术事实相关的证据规则中。而技术调查官客观、公正、中立且正确调查取证、查明技术事实、作出意见,是诉讼中定分止争的关键之一。因此深刻理解民事诉讼的证据规则,不踏入、不破坏"谁主张谁举证"的证明责任分配原则,对于技术调查官机制更好地对接切入尤为必要。质言之，技术思维与法律思维唯有相辅相成、良性互动，方能实现技术调查官制度效用的最大化。

四、辟径：技术思维与法律思维的融通路径

（一）认识论层面：培养系统思维体系

精炼、敏捷的技术思维能力是技术调查官必不可少的职业技能，与此同时还应加强对法律思维短板的补足，建立系统、全面的思维体系。下文以专利审查员这一类技术调查官为例，以专利审查及技术秘密案件为视角，详析技术调查官这一群体应培养何种系统性思维。

1. 培养批判性思维

批判性思维的显著特征是从逻辑角度对思维对象不断反思和连续追问。[1] 技术调查官在参与技术秘密案件之始，就要通过关联性批判思维方式厘清技术秘密在具体规则及认定思路上与普通技术信息之间的区别，为后续案件的审理锚定方向。此外，技术秘密制度在反不正当竞争法体系之下更加关注对公平竞争秩序的维护，具有更大的客体范围，包括部分特殊的客体内容，如公差、工艺参数等；而专利制度则更加关注对创新成果的保护，客体为公开的技术方案，因此在围绕技术秘密进行非公知性、价值性、实质相同判断时，应围绕制度目的的侧重点，不断修正度量结果。

2. 培养证据思维

在专利审查中技术调查的重点在于被诉侵权产品是否落入涉案专利的保护范围，此乃现实状态之间的比较，比对素材是被诉侵权产品和涉案专利，其目的是判断既定事实。技术秘密举证责任的制度安排则使得技术秘密在非公知性、侵权认定等方面依赖于双方的举证情况，很难如专利侵权

---

[1] 于辉. 裁判事实构建中的叙事及其评估——以批判性思维为视角 [J]. 法学论坛，2016（6）：68.

比对那样按照严格的标准对客观事实进行判断，而要使用推定规则❶，在正、反两方证据交锋后，通过适当推定得出合理推论。例如，技术信息非公知性的认定即不同于专利的新颖性，要根据公知性抗辩一方举证的公开材料进行是否被公开的判断。也即，技术秘密案件的技术判断要充分考虑当事人对抗和证明责任的分配。

3. 培养法条思维

在技术秘密同一性认定时沿用专利审查中的全面覆盖原则进行比对，是技术调查官易陷入的一个思维误区。技术秘密的内容相比于专利更为具体、详细，在技术秘密同一性比对时如果严格按照"全面覆盖原则"，将不利于技术秘密的保护。从对现有法律规定的文义解释❷可知，对技术秘密的改进、调整及优化后再使用均为使用行为。而在全面覆盖原则中，只要修改、优化后在技术特征上产生了实质性区别，就应当认定修改后的技术方案不落入专利权保护范围。因此技术秘密实质相同判断标准不应适用全面覆盖原则，其字面标准更贴近多余指定原则，保护范围由必要技术特征决定。在认定同一性时，应当基于技术秘密产生的背景、面向的市场及实际解决的问题等因素，重点考虑关键技术特征。针对仅起辅助作用、与整体技术方案解决的技术问题无太大关联的技术特征，则应当降低其在比对中的作用。

（二）方法论层面：加强机制保障

1. 守正：技术意见的合理化采用

技术意见并非金科玉律，在运用至案件裁判时应当有选择性地采用，

---

❶ 崔国斌. 商业秘密侵权诉讼的举证责任分配 [J]. 交大法学，2020（4）：10.

❷ 《最高人民法院关于审理侵犯商业秘密民事案件适用法律若干问题的规定》第十三条："被诉侵权信息与商业秘密不存在实质性区别的，人民法院可以认定被诉侵权信息与商业秘密构成反不正当竞争法第三十二条第二款所称的实质上相同。人民法院认定是否构成前款所称的实质上相同，可以考虑下列因素：（一）被诉侵权信息与商业秘密的异同程度；（二）所属领域的相关人员在被诉侵权行为发生时是否容易想到被诉侵权信息与商业秘密的区别；（三）被诉侵权信息与商业秘密的用途、使用方式、目的、效果等是否具有实质性差异；（四）公有领域中与商业秘密相关信息的情况；（五）需要考虑的其他因素。"

以确保事实查明结果既正确又合法。首先，技术调查官要对技术判断进行充分表达。准确判断当事人呈交的证据材料中与技术事实相关的部分，将其中复杂晦涩的专业术语进行转化并输出为有利于法官充分理解的技术意见，以便于法官后续自由心证的顺利开展。其次，主审法官在审理中应充分行使诉讼指挥权❶，引导技术调查官对出具的技术意见作出充分说明，根据其自身的职业素养并结合技术调查意见进行自由心证，最终形成内心确信和法律判断。最后，对于技术判断和法律判断存在冲突的情况，技术调查官可以就案件的技术事实及查明情况向合议庭进行说明，主审法官则可以从专业法律角度及为何未予采信技术意见进行补充说明❷，由合议庭进行充分合议并依法作出裁判。通过技术调查官、主审法官及合议庭之间的相互配合，能够从更全面的角度查明技术事实，更精准合理地采纳技术意见。

2. 纠偏：交流培训的常态化开展

首先，要开展系统学习。学习是培养法律思维的基础，扩充技术调查官的知识体系，将其以理工科技术理论为核心的知识体系通过系统的法律知识的学习和积累，扩充为同时具备技术知识体系和法律知识体系，从而突破认知局限，提升认知水平。其次，要加强实践指导。实践是培养法律思维的关键，"非知之艰，行之惟艰"，在实践中加强法律知识的运用，结合实操案例加深对法的理解，切实体会技术思维与法律思维的异同，从而促使两种思维融合、升华，提高技术调查能力。再次，要扩大经验交流。交流是培养法律思维的必要手段，一方面是技术调查官与法官之间的交流，针对法律判断与技术判断存在的出入充分沟通，由法官作出解释和说明，从而通过沟通不断修正技术意见。另一方面是技术调查官之间的交流，在交流中碰撞不同观点，丰富调查经验，开拓调查思路，并在专业领域形成互补，填补专业领域空白。最后，要建立长效合作机制。通过长效化的合作来保障业务培训和人才交流，促进技术与司法的贯通衔接，推动构建更

---

❶ 陈冠男.民事审判权与诉讼指挥权的张力消解——兼及中立评估程序的程序价值[J].东南大学学报（哲学社会科学版），2019（1）：40.

❷ 陈存敬，仪军.知识产权审判中的技术事实查明机制研究[J].知识产权，2018（1）：44.

加紧密务实的可推广模式，保障技术调查官人才队伍的可持续培养和壮大，实现优势互补、资源共享、互利共赢。

3. 补足：法官指示的制度化尝试

法官指示制度是指法官对事实认定、证据规则、法律规定等事项及应当注意的问题，向技术调查官进行必要的解释和说明，在个案相关的法律原则下对技术调查官进行临时的、有针对性的指引，将法律知识与技术调查官的技术知识衔接，通过法律知识在技术调查实践中的活化对技术性人员逐步引导。❶ 从实体、程序、证据等多个方面对技术调查官的审判权行使提供全方位、分步指引，使技术人员明确案件举证规则的适用，并将用于评议的信息在评议前加以告知，满足充分占有信息的要求，形成弥补技术调查官人员法律知识欠缺的有效进路。同时，要注意避免将对案件的主观判断直接告知技术调查官，谨防技术意见的独立性受到法官审判思路的影响。

结　语

技术官调查制度是健全技术类知识产权案件审理机制的有效之方。清晰明确技术调查官应具备的思维体系，乃制度应有效发挥的催化剂。只有实现技术和法律思维的融通，方能准确发挥技术调查官制度的作用，提升审判质效，实现公平正义。

---

❶ 卿越．知识产权审判中事实问题与法律问题的区分 [J].苏州大学学报（哲学社会科学版），2019（5）：78.

技术调查官轮换派驻模式研究

原浩杰* 王　坤*

摘要： 在构建知识产权大保护的背景之下，国家知识产权局专利局专利审查协作江苏中心与苏州中院建立战略合作，采用轮换派驻模式选派专利审查员担任技术调查官。轮换派驻模式的选择，既是法律的要求，也是基于司法审判现实情况的结果。日本、韩国和我国台湾地区选派技术调查官也采用了轮换派驻模式，技术调查官工作期间完全脱离原工作岗位。而"苏州模式"所采用的轮换派驻模式，技术调查官工作期间并不脱离原工作岗位。审协江苏中心依托人才优势支撑轮换派驻模式，在创新工作举措、促进轮换派驻模式发展方面也积累了实践经验，包括多元化人才适应技术革新、工作创新保障轮换派驻模式顺利运行、理念更新打造技术调查官智库。选派的技术调查官站位中立确保案件公正审判，为提高技术类知识产权案件审判质效提供有力支撑。

2019年，中共中央办公厅、国务院办公厅印发《关于强化知识产权保护的意见》，指出牢固树立保护知识产权就是保护创新的理念，坚持严格保护、统筹协调、重点突破、同等保护，不断改革完善知识产权保护体系，综合运用法律、行政、经济、技术、社会治理手段强化保护，促进保护能力和水平整体提升。我国从审查授权、行政执法、司法保护、仲裁调解、行业自律、公民诚信等环节完善保护体系，加强协同配合，构建大保护工

---

* 国家知识产权局专利局专利审查协作江苏中心。

作格局。在这一背景之下，审协江苏中心与苏州中院建立战略合作，采用轮换派驻模式，选派涵盖全部大类技术领域的专利审查员担任驻庭技术调查官。双方合作以来，已累计派出 4 批次 100 余人，参与审结一大批具有高技术难度的技术类知识产权案件，为提高技术类知识产权案件审判质效提供有力支撑，其中审协江苏中心派驻技术调查官参审案件入选 2021 年中国法院十大知识产权案件。

一、轮换派驻模式的法律要求与现实需求

（一）法律要求

最高人民法院印发的《知识产权法院技术调查官选任工作指导意见（试行）》（以下简称《指导意见（试行）》）规定："经省级公务员主管部门批准，知识产权法院可以按照聘任制公务员管理有关规定，以合同形式聘任技术调查官。同时根据审判工作需要，符合资格条件的专利行政管理等部门的专业技术人员，可到知识产权法院挂职交流 1 至 2 年，在交流期间担任技术调查官。其他符合技术调查官资格条件的专业技术人员，经行业协会、有关单位推荐和知识产权法院审核，可兼职担任技术调查官。"对照上述指导意见，目前我国技术调查官的任职形式主要有聘任、挂职交流、兼职三种，挂职交流年限为 1 ～ 2 年。

（二）现实需求

当今社会，科学日新月异，AI 人工智能、CRISPR 基因编辑等新兴技术发展迅猛，传统学科门类也出现新的细分领域。相应地，知识产权案件也呈现出技术领域覆盖广、传统领域逐渐细分、新兴领域占比逐渐增高的趋势。同时，随着公众知识产权保护意识提高，案件数量呈上升趋势。以上海知识产权法院为例，在 2020 年审理的案件中已涵盖新一代信息技术、生物医药、植物新品种、高端装备制造、新材料、新能源、数字创意等新

技术领域❶。苏州中院知识产权案件在2020年之后出现了信息技术领域案件逐步升高的趋势。基于以上现实，为更好满足实际审判需要，需动态调整技术调查官队伍的组成。采用轮换派驻模式在一定程度上可较好地满足上述现实需求。

二、现有轮换派驻模式

（一）世界主要国家和地区的轮换派驻模式

1. 日本

日本的技术调查官制度建立于1949年。《日本法院法》第五十七条规定，技术调查官是法院的正式在编人员，由特许厅和最高法院达成协议后从特许厅的资深审查员中选拔，由最高法院任命。技术调查官的管理方式主要是采用任期制，从特许厅派遣的审查员，派遣时从特许厅离职，在担任技术调查官期间不参与原单位的工作，属于法院的正式职员，一般任期3年，必要时延长1年，任期结束后返回特许厅工作，其他审查员再进行轮换。❷

2. 韩国

韩国与日本的技术调查官制度类似。根据《韩国法院组织法》和《技术审查官规则》，一般要求担任技术调查官要有技术背景并有相关的工作经验。现任的技术调查官之中，同时存在专利审查员或专利行政官与社会招聘人员，并且以专利审查员或专利行政官为主。❸专利审查员或专利行政官一般任期2～3年，之后进行轮换，担任技术调查官期间脱离原工作岗位。

3. 我国台湾地区

我国台湾地区借鉴了日本的技术调查官制度，其"智慧财产案件审理

---

❶ 夏淼恩. 知识产权技术调查官制度研究 [D]. 重庆: 重庆大学，2022: 8-9.

❷ 彭霞. 论我国技术调查官任职管理制度的完善 [J]. 重庆工商大学学报（社会科学版），2019（5）: 123-128.

❸ 李惠婷. 中国知识产权审判技术调查官制度构建研究 [D]. 湘潭: 湘潭大学，2016: 2.

法"第四条规定,法院于必要时,得命技术审查官执行下列职务:(1)为使诉讼关系明确,就事实上及法律上之事项,基于专业知识对当事人为说明或发问;(2)对证人或鉴定人为直接发问;(3)就本案向法官为意见之陈述;(4)于证据保全时协助调查证据。技术审查官在诉讼过程中,技术审查官协助法官处理案件有关专业技术上的争议点,但不直接参与裁判。[1]技术调查官的来源有正式编制、借调和约聘三种,借调技术调查官主要来自专利审查员等公职人员,多为短期[2],工作期间同样脱离原工作岗位。

(二)"苏州模式"

根据《指导意见(试行)》的规定,技术调查官首先应符合以下资格条件:(1)具有普通高等院校理工科专业本科及以上学历;(2)具有中级以上专业技术资格;(3)具有 5 年以上相关专业技术领域生产、管理、审查或研究工作经验。应聘技术调查官的人员除应符合上述资格条件外,还应具备中华人民共和国公务员法规定的条件。审协江苏中心选派专利审查员担任苏州中院技术调查官,主要从机械、化工、光学、材料、电子信息、计算机、医药、生物领域选聘,且具备中级以上技术职称和 5 年以上审查经验。为满足不同技术领域知识产权案件技术事实调查的需要,采取了驻庭技术调查官和非常驻技术调查官相结合的模式,每年遴选审查员担任驻庭技术调查官,任期一般为 1 年,期间不脱离原工作岗位。

三、"苏州模式" 的实践经验

(一)多元化人才适应技术革新

1. 适应技术迭代更新

为反映知识产权诉讼案件技术领域的发展情况,在中国裁判文书网进

---

[1] 邹享球. 技术调查官制度的理论设计及现实困惑 [J]. 知识产权,2021(4):45-57.

[2] 徐俊,李若源. 日本和我国台湾地区知识产权审判体制改革速览 [EB/OL]. (2018-04-30) [2024-02-05]. http://www.chinatrial.net.cn/magazineinfo1590.html.

行检索，高级检索条件包括（1）"法院名称：上海知识产权法院"（2）"关键字：发明专利"（3）"案件类型：民事案件"（4）"文书类型：判决书"，检索出 132 份有效判决书。这 132 份有效判决书以裁判日期排序，可以看出 2018 年以前案件多涉及"纺织机械""换热器""卡扣""假捻变形机"等传统机械技术领域，2019 年以后案件多涉及"细胞律动仪""MOPS 残留量的检测方法""电源分配装置""皮肤伤口锁合器"等新兴技术领域。可见，近年来随着科技创新和产业发展，司法审判中的技术类知识产权案件涉及新能源、新材料、电子通信、生物医药、节能环保等新兴技术领域的占比逐渐增加。轮换派驻模式实现了人员的动态调整，可根据技术的发展、技术领域的调整、案件的实际需求匹配适合领域的技术调查官，便于技术事实查明，提高技术事实认定准确率。

2022 年，苏州知识产权法庭侵害计算机软件著作权、计算机软件开发合同纠纷、技术合同纠纷等类型案件占比大幅增长，技术调查官的轮换派驻模式有效地做到了技术领域的全面覆盖，较好地解决了这类案件的技术查明问题。某案涉及侵害计算机软件著作权，属于计算机前沿技术，原告提供的证据中并未提供与被告的全部源代码的对比，仅比较了双方部分的目标代码，无法凭借原被告双方的界面和调用路径相同就认定两者的源代码相同。且该案未进行知识产权鉴定，因此需要具备代码程序相关技术背景的技术调查官进行技术事实认定。该案技术调查官具有程序相关审查领域的审查经验，站位本领域技术人员，针对代码是否相同进行了详细比对说明，证明仅首页的 JS 代码可以认为是涉及原告开发人员自定义代码相关内容，并且从两者的比对情况看，两者完全相同，结合首页的界面及其他界面相同的结果可以认为被告方与原告方的公共部分相关程序所使用的 API 函数的代码相同。技术调查官提供的技术咨询意见为法官查明技术事实提供了依据，且无需经过时间长、成本高的知识产权鉴定程序，提高了案件处理效率。

2. 适应技术细分

当今各个领域的技术均朝着精细化方向发展，国际专利分类表中记载的技术领域多达数百个，即使在同一个技术领域，也存在不同的专业技术方向，不同技术方向之间的技术特征相差甚远。❶ 相应地，知识产权案件涉及的技术领域也呈现出更专、更细的趋势，这就要求技术调查官应当及时更新技术储备，以具备相应细分领域更专业的技术知识。

某侵犯技术秘密案件中，涉案工艺方法用于生产一种属于"卡脖子"关键技术的材料。该材料属于材料领域细分的某特种无机材料，由于该材料生产工艺集合了由有机材料经特殊加工向无机材料的转变过程，赋予了该材料诸多独特的性能，该案中技术秘密非公知性和同一性的调查要求技术调查官对该细分领域的技术具有相当了解。寻找细分领域对口技术调查官不论是从人才储备，还是时限要求而言，都具有较高难度。非常驻技术调查官从现实意义上说也是一种轮换派驻模式，在驻庭技术调查官无法完全匹配案件技术领域时，可启动非常驻技术调查官模式。该案中非常驻技术调查官的补位凸显了轮换派驻模式在适应案件技术领域细分方面的独特优势。

3. 适应技术交叉融合

技术发展越来越偏向于交叉领域，比如智能电力、智能交通、智能工业。从上述分析的 132 份有效判决书中也可以看出，涉及技术交叉融合的跨领域案件占比逐年上升。比如上海祉云医疗科技有限公司与上海泰怡健康科技有限公司侵害发明专利权纠纷案，涉案专利为一种中医面诊分析与诊断系统，包括中医相关知识和智能控制相关知识。在面对具有技术交叉融合的知识产权纠纷案例时，通过轮换派驻模式既可以实现不同技术领域驻庭技术调查官的协作，可以实现驻庭与非常驻技术调查官之间的配合，为快速、准确认定技术事实提供机制保障。此外，为应对跨领域专利申请逐渐增多的现状，实质审查工作中的跨领域审查已形成系列可复制、可推广的经验，为跨领域技术调查奠定了良好工作基础。

---

❶ 黄玉烨,李青文.知识产权审判中技术调查官的困境与出路——兼评《最高人民法院关于技术调查官参与知识产权案件诉讼活动的若干规定》[J].电子知识产权，2019（8）：67-76.

在某专利权属纠纷案件中，涉案专利为差压传感器封装结构及电子设备，涉及差压传感器封装的具体结构及为实现所述差压传感器功能的相应电子设备的具体设计技术方案，属于机械和电子学科的融合技术。该案争议焦点在于麦克风传感器封装结构与涉案专利的差压传感器封装结构在技术领域上是否具有差异，及其在结构上是否具有差异。面对此类案件，由于派驻的技术调查官已经涵盖了机械和电学领域，无需经过烦琐的专家征集组织程序，可以即时实现机械、电学领域技术调查官跨领域协作。电学领域技术调查官从电子设备的具体设计上分析原告麦克风封装与被告差压传感器封装的应用领域有较大差别，机械领域技术调查官从封装结构上分析涉案专利申请是通过采用两个通孔的技术方案以解决相应技术问题，并未在原告的技术方案中体现，原告技术方案和被告的涉案专利不同。该案具有技术交叉融合的特点，通过机械和电学领域技术调查官的跨领域联合办案，帮助法官化解技术事实调查难题，实现案件公正、高效审理。

（二）工作创新保障轮换派驻模式顺利运行

1."一官二员"机制

"一官二员"机制指的是由技术调查官担任法院特邀调解员、人民陪审员。

技术调查官担任法院特邀调解员参与调解程序，于诉讼当事人来说可以减少诉讼成本，于法院来说可以高效审理案件。一是技术调查官可以辅助法官快速梳理出技术事实的争议焦点；二是技术调查官可以帮助诉讼当事人对技术问题的认识与理解更加深刻和全面，减少当事人的诉讼时间与成本；三是帮助双方诉讼当事人在庭前会议及庭审阶段，直击要害，快速明确案件的技术争点，推动庭审进程从而增强当事人调解的积极性，更加高效地解决纠纷。技术调查官担任调解员，在中立的角度发表对技术事实的见解，能够减少当事人的顾虑，便于法官独立进行调解工作，更能促成调解工作的圆满完成。同时在知识产权案件数量迅速增长的情况下，让技术调查官参与调解程序，能够缓解目前知识产权案件数量增长引发的案多

人少的困境,以调解替代部分诉讼,既能提高纠纷解决的效率,又能减轻法官的工作压力。❶

技术调查官具有相关专业技术知识,在担任法院人民陪审员参与案件审理时,可以发挥专业优势,与法官形成合力,对案件技术事实进行科学认定,为法官提供智力支持,实现案件公正、高效审理,使当事人和社会公众对裁判结果满意和信服。技术调查官担任法院人民陪审员实际参加审理并独立发表意见,具有司法裁判权,对案件的审判结果产生实质性的影响,以实现实体公正。技术调查官担任法院人民陪审员可以减少法院内部配备的专家数量,节约用人成本,提高案件审理效率。

2. 完善的管理和衔接机制

技术调查官的遴选机制。组建专家库,按专业分组,为每一位入库专家建立完整的背景信息档案,内容包括该专家的个人信息、专业技术背景及配偶、近亲属等相关社会关系情况,以保证所选专家能够中立公正,快捷、有针对性地解决专业问题。审协江苏中心和苏州中院共同负责对专家库的管理、投入保障并完善相应的支持措施。技术调查官人选经过严格遴选,确保司法保护中对技术问题的认定的途径科学化、统一化。

技术调查官培养体系。上岗前进行系统培训,为更好履行技术调查官职责打下理论基础。组织开展交流座谈会传递履职经验,包括角色转变问题、工作中的注意事项、沟通技巧,让技术调查官的工作经验不断传递下去,对提高技术调查官轮换派驻模式的运行效率大有裨益。制定《苏州知识产权法庭技术调查官工作手册》,多方面为新任技术调查官提供全方位的履职指引。苏州中院从案例实践的角度为技术调查官提供培训资源,提高技术调查官的履职技能。

组长负责制。为保证轮换模式下法庭技术调查工作的连续性和稳定性,指定优秀技术调查官任组长,主要负责人员管理、任务分配、技术指导。在任务分配中,充分考虑新任技术调查官的领域特点,由简到难,循序渐进。在案件

---

❶ 徐雨璇. 知识产权诉讼中技术调查官制度研究 [D]. 广州:广东财经大学,2023:18-19.

分配前，组长先了解案件，对案情全面把握，将涉及技术问题简单、争议点明确的案件结合技术领域分配给新任技术调查官，让新任技术调查官先从简单案件开始做起，由易到难逐渐掌握办案技能。对于涉及较为复杂技术事实或技术调查结果有争议的案件，采用集中会审模式，组织技术调查官组成工作组，多人合议，提高技术事实认定的专业性和准确性。编制典型案例手册，通过对典型案件的总结与归纳，为后续同类案件的技术调查提供指导。

质量管理和考核方面。做好与苏州中院的沟通，做好关键因素把控，对技术调查官工作进度、质量、人力资源利用率、项目组内外沟通效果等影响项目执行的关键因素及时进行评估。建立技术调查官激励机制，组织开展技术调查官考核，并将技术调查官工作表现纳入年度考核，对优秀技术调查官进行表彰，对其优秀技术意见进行发布，积极调动技术调查官工作积极性，发挥人才效能。

（三）理念更新打造技术调查官智库

通过轮换派驻模式，不同审查员担任技术调查官在案件技术事实查明时会有不同切入口，为办案带来新启发和新思路，为知识产权疑难案件的技术事实查明提供可借鉴的方法。

例如，在化工类装置的现场勘验中，时常遇到设备处于运行状态，无法停机，也不能进行拆解的困难。如果是仅按照机械领域部件拆解、逐一对比的技术调查思路，案件审理必将陷入僵局。而具有化工背景技术调查官参与案件审理之后，提出从化工工艺本身对设备结构产生特定影响的角度进行考虑，通过考察整体工艺是否存在不同，从而判断该工艺中所用具体设备是否相同。这一新技术调查思路的提出，巧妙解决看似陷入僵局的技术调查难题。

再如某发明专利侵权案件，涉案专利要求保护一种电感线圈自动绕制装置，原告请求证据保全。在证据保全中，技术调查官依据自身对机械设备的熟悉程度，在证据保全现场对原告指认的设备进行逐个仔细观测，辅助法官认定证据保全现场没有与涉案专利技术方案相关的设备。在此情况下，只能根据原告提供的被诉侵权产品的照片进行侵权与否的比对，技术调查官通过充分理解涉案专利技术方案，指出原告提供的被诉侵权产品的照片与涉案专利技术方案没有关联，最终法官以此认定原告请求的内容没有事实依据，驳回原告诉请。技术调查官充分参与案件审理前的证据保全等环节，提高了知识产权类案件办案质效。

四、未来展望

技术调查官制度的施行对有效查明技术事实、提高知识产权审判质效发挥了积极作用。审协江苏中心与苏州中院自 2017 年以来不断探索技术调查官工作新模式，在全国首创技术调查官担任法院"特邀调解员"和"人民陪审员"的"一官二员"新机制，实现技术调查官队伍效用最大化。审协江苏中心的人才优势为技术调查官轮换模式的可行提供了坚实保障，有力提升了区域知识产权类案件的审判质效，助力营商环境优化。

2023 年 2 月，最高人民法院、国家知识产权局联合印发的《关于强化知识产权协同保护的意见》指出，要加强跨区域资源共享，推进知识产权行政保护和司法保护中专业技术问题认定途径的科学化、规范化。这为技术调查官工作提出了新的要求和工作指引，审协江苏中心将在未来持续优化技术调查官的选派和培养，打造一支专家型、复合型技术调查官人才队伍，以期在构建知识产权大保护格局中贡献更多智慧与力量。

计算机领域技术调查官办案思路与技巧

任洪潮[*]

摘要： 目前，针对技术事实调查工作的技术调查官均为理工科背景，有多年相关专业技术领域工作经验的技术人员，但大部分人员存在知识产权领域法律经验不足的情况，在面对复杂知识产权案件时，可能会出现对案件关键点把握不清、工作效率不高的问题。本文从计算机领域出发，按照软件著作权侵权纠纷、技术开发合同纠纷、商业秘密侵权纠纷、集成电路布图设计侵权纠纷、专利侵权纠纷这五种案件类型，对技术调查工作中所遇到的常见问题和应对方法进行总结。针对软件著作权侵权纠纷案件，对其中的比对软件的范围确定、软件比对方法、侵权判赔等做了总结；针对技术开发合同纠纷案件，对其中的合同类型、纠纷问题、调查关键等做了介绍和总结；针对商业秘密纠纷案件，对其中涉及软件领域案件的"三性"判断和同一性判断做了总结；针对集成电路布图设计侵权纠纷案件，对其中的布图设计的独创性认定做了总结；针对专利侵权纠纷案件，对其中的等同侵权的判断做了总结。希望为熟知该专业技术领域的技术调查官提供参考，为法官的审判提供专业咨询意见，提高案件审判效率。

技术类知识产权案件的事实查明一直是审判实务中的难点。2014 年 8 月 31 日第十二届全国人民代表大会常务委员会第十次会议审议通过《关于

---

* 国家知识产权局专利局专利审查协作江苏中心。

在北京、上海、广州设立知识产权法院的决定》《最高人民法院关于知识产权法院技术调查官参与诉讼活动若干问题的暂行规定》（以下简称《暂行规定》）第一次确立了我国的技术调查官制度。这一举措打破传统鉴定模式，以我国司法改革需求为出发点，经过多年实践，已成为专利纠纷案件中颇有地位的技术查明手段之一。❶

随着科学技术的迅猛发展，社会分工的逐渐专业化导致知识产权案件日益复杂，许多涉及物理、生物、化学及计算机等方面的专业技术问题与法律问题相结合，进一步加大了知识产权案件审判的难度。例如，在计算机领域，涉及开源软件是否合规的问题，就同时涉及了计算机学科和合同法。目前针对技术事实调查工作的技术调查官均为理工科背景，或者有多年相关专业技术领域工作经验的技术型人才，但在面对专业技术问题与法律问题相结合的复杂案件时，由于缺少相关工作经验，会出现对案件关键点把握不清、工作效率不高的问题。针对上述问题，本文从计算机领域出发，按照软件著作权侵权纠纷、技术开发合同侵权纠纷、商业秘密侵权纠纷、集成电路布图设计侵权纠纷、专利侵权纠纷这五种案件类型，对技术调查工作中所遇到的常见问题和应对方法进行总结。

一、软件著作权侵权纠纷案件的办案技巧

侵害软件著作权纠纷案件是计算机领域技术调查官较常遇到的案件类型。软件著作权属于版权保护的一种，其与一般的著作权的区别在于：软件著作权由《计算机软件保护条例》（以下简称《条例》）予以规范，其保护客体是计算机程序及其相关文档等，其中文档包括程序设计说明书、软件流程图、用户使用手册等。以下按照相关办案流程中确权、代码比对、判赔三个阶段对软件著作权侵权案件的办案要点进行总结。

---

❶ 杨秀清.我国知识产权诉讼中技术调查官制度的完善 [J].法商研究，2020，37（6）：167-168.

（一）确权阶段

1. 明确原告主张的软件著作权所对应的软件版本

在软件著作权侵权纠纷案件中，原告通常将其登记的软件著作权作为权利基础，但在后续的案件审查中发现有些原告将后续更新后的源软件代码作为侵权比对的基准代码，该更新后的代码中相关功能模块已经经过改动，与其在登记时的源代码不一致，根据《软件登记事项变更或者补充登记指南》中规定的不允许变更或补充的事项，软件表达的变化（即功能增加或修改）、软件权利转移、开发完成日期、首次发表日期等均不允许修改。因此，上述原告主张的软件著作权基础应该变更为后续更新后的源软件代码所属的著作权。此时，原告需提交其后续更新源代码的开发过程材料作为证据证明原告拥有该更新源代码的著作权。

上述问题的出现主要与软件著作权登记时大项目的软件源码无法全部备案有关。软件登记时，在填写源代码一项仅需填写不超过60页的源代码。其中，前30页为软件前半部分的1500行源代码，后30页为软件后半部分的1500行源代码，如果代码量小于3000行，则可以全部备案。然而，通常的软件项目代码在万行或10万行以上，根本无法实现全部备案。因此，在原告或者原告代理不熟悉相关法规的情况下，可能会认为一旦软件登记则后续更新迭代后的软件代码均可以原始登记的软件著作权为权利基础。对于上述问题，在案件审理过程中，需在听证时向原告明确其主张的软件著作权所对应的软件版本。

2. 明确开源软件对原告权利的影响

开源即开放源代码，开源在法律意义上并没有统一的定义。目前，现有的、常用的软件开源模式协议均是由知名大学、来源社区为主制定一系列的开源协议。该协议可以认定为一种类型的合同或者要约，常见的协议如图1所示。

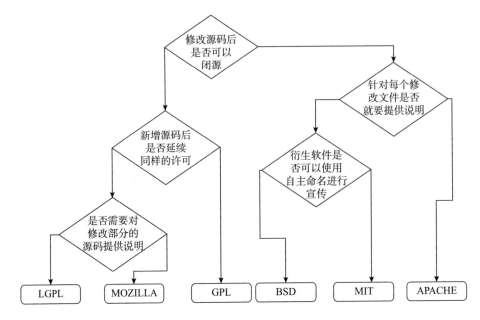

图 1 开源协议说明

资料来源：专业开发者社区 CSDN [EB/OL].[2023-08-01].https：//blog.csdn.net/qq_38880380/article/details/ 125706058.

如图 1 所示，GPL、LGPL、MOZILLA 许可的软件在售卖时需要同时提供软件的开源代码，用户可以依据开源协议对该开源源代码进行自由修改，而 BSD、MIT、APACHE 则可以在不提供源代码的情况下售卖源代码编译后的可执行代码。因此，在面对软件著作权侵权纠纷案件时，技术调查官应明确所属软件著作权的源码中是否包括开源软件，以及开源软件所属的协议类型。需要针对不同的协议类型，进行不同的代码比对程序。

（二）代码比对阶段

在确定原告软件著作权所对应的软件版本及软件所涉及的开源协议后，就进入了软件著作权源码与涉案软件源码的相似性比对阶段。在实际案件中，较少有原告保存被告涉案软件的全部源代码的情况，原告提供的证据通常为被告涉案软件的部分网页代码、JS 代码、CSS 代码、文件目录及相关目标代码。此外，原告在提交上述代码证据的同时通常还会提供上述相关代码与软件著作权代码的对比结果。面对此类情况，在确定上述代码对比结果相似度高的情况下，需告知被告相关证据已经初步证明涉案软件侵犯原告的软件著作权，当被告提供其相关源码证据进行抗辩时，则可以启动代码比对。以下针对不同的情况进行比对操作的说明。

针对开源协议类型为 BSD、MIT、APACHE 等允许闭源的协议或者并未使用开源协议的情况（以下简称"第 1 类情况"）。目前的软件产品几乎都包括有开源代码，如常见的商城系统，常用的 9 个 Web 开发的 CSS 框架及对应的开源协议如表 1 所示。

表 1 常见 CSS 框架的开源情况表

常见框架	简介	开源协议
Bootstrap	Twitter 的一个用于前端开发的开源工具包	MIT
PatternFly	Red Hat 的开源 CSS 框架	MIT
Material Components for the web	google 的开源 CSS 框架	MIT
pure	yahoo 的开源 CSS 框架	BSD
foundation	ZURB 的开源 CSS 框架	MIT
bulma	基于 Flexbox 的开源 CSS 框架	MIT
skeleton	轻量级的 CSS 框架	MIT
materialze	基于 Material Design 的 CSS 框架	MIT
Bootflat	一个开源的扁平化的 UI 工具包，基于 Bootstrap 3.1.0 CSS 框架	MIT

在第 1 类情况下，需要原告提供软件著作权代码中不属于开源代码的独创部分，将上述独创部分作为侵权对比的源代码基础。在原告确定独创部分源码后，需被告提供比对源码。在软件开发体系中，通常注重软件代码的复用性，即将某一功能模块的代码进行包装，通过引用的方式进行调用，因此一般技术人员可以较轻易地从涉案软件代码中划分出该开源代码对应的模块。在对比的代码量较少的情况下，可以通过字符比较工具自行比对；在比对的代码量较大时，可以通过第三方鉴定机构进行比对，根据第三方鉴定机构的结果进行相识性判断。

针对开源协议类型涉及 GPL、LGPL 的情况。由于 GPL、LGPL 的特殊性，涉及该协议的软件代码在发布时必须同时发布源代码，因此需要从功能、逻辑、结构等方面分析开源代码和原告独创部分代码，判断原告独创部分的代码是否可以与基于 GPL 开发的代码完全分割，互相独立。❶ 如果两者相互独立，则按照上述第 1 类情况进行操作；如果两者无法分割，则需要法官结合具体案情进行判断后执行后续操作。

第 3 类情况，被告没有源代码，只有目标代码。对于该情况，可以进行目标代码的比对。由于目标代码的特殊性，其可能无法进行完整的功能性部分划分，在无法划分的情况下，只能将软件著作权代码对应的目标代码进行完整比对；而在可以划分的情况下，前期准备部分与第 1 类情况相同，仅进行独创部分代码对应的目标代码的比对。

（三）判赔阶段

成熟的软件服务提供商通常都会提供不同版本的软件服务，不同版本软件对应的功能或服务不同，对应的价格也不同。以 windows 系统软件为例，其包括了家庭版、专业版等版本，不同版本对应的价格也不同，而功能服务的差异通常是因为软件产品包含的功能模块的种类、数量不同而导致的。因此，在确定被告侵权后，通常会根据被告的涉案产品所对应的软件功能确定赔偿额。此外，原告提供的证据中往往包括原告产品的售卖服务合同，可以根据原告提供的售卖服务合同中软件的功能服务和价格进行分析对比，量化每个功能模块组合所对应的价格，而后根据被诉产品所包含的功能模块与上述功能模块进行对比，给出合理意见。

二、技术开发合同纠纷案件的办案技巧

技术开发合同相对于一般的合同具有专业性强的特点。以下从合同类型、合同签订履行的一般过程、合同纠纷问题及调查重点内容这四个方面

---

❶ 工业和信息化部软件与集成电路促进中心知识产权部 . 开源软件涉及的相关知识产权问题分析 [J]. 中国集成电路，2010，19（10）：77-89.

对技术开发合同案件的办案要点进行总结。

（一）合同类型

技术开发合同中较为典型的是软件开发合同。软件开发合同按照实施行为类型又可以分为服务合同和开发合同。服务合同是开发方无须进行二次开发，直接将现有产品按委托方的需求进行裁剪组合后交付给委托方；开发合同则是开发方的现有产品无法覆盖委托方的需求，需开发方进行二次开发后交付给委托方。

常见的软件服务项目对应的产品包括 ERP 和 MES 系统。ERP 系统全称为企业资源计划系统，其中的企业资源包括物流资源、资金流资源及信息流资源，ERP 实质上就是针对这三种资源进行集成管理的系统。MES 系统为生产信息化管理系统，与 ERP 系统的区别在于 MES 系统对车间的现场控制更加细致，MES 系统包括批量级的生产控制和调度管理功能。从管理角度上看，ERP 更关注财务方面的信息，MES 则是关注生产过程控制。上述软件服务并不交付软件，而以提供接口的方式供客户使用，如提供网址入口、IP 地址等。

软件开发项目则包括多种类型，比较常见的软件开发产品按照应用场景分为 WEB 应用、移动应用、桌面应用、微信小程序等，多以目标代码的形式进行交付。

（二）合同签订履行的一般过程

需求的确定：合同签订过程一般由甲方发起，通常以书面的形式签署。甲方将自身需求告知乙方，乙方根据甲方提出的需求进行调研，并根据调研结果确定初步的需求方案，并与甲方协商后最终确定需求方案。需求方案的确定是技术开发项目中非常重要的环节，后续项目的执行都以该需求方案为基础。在开发合同中，该需求方案通常以清单附件的形式附注在合同中，或者在需求条目繁多的情况下以开发蓝图的方式另行成册。此外，需求方案并不是在此阶段就已固定，通常在后续的开发环节会有一定调整，但调整范围不大，如果需求方案调整过大，如甲方在后续需求变化导致乙方的开发所需的人力物力超出一定范围，则另行签订补充合同或者第二阶段开发合同。

计划制定：在需求方案确定后则进入项目计划制定阶段。项目计划一般划分为开发阶段、验收阶段、实施和维护阶段，计划的制定由乙方按照上述确定的需求方案对所需的人力和物力进行预估，并计算项目实施过程所需要的时长，乙方根据上述预估投入的资源和时长与甲方协商工期，制定计划。通常情况下，甲方不会一次性支付所有费用，而是按照不同阶段的完成情况支付对应阶段的费用。

合同签订：通常在确定需求方案与实施计划的情况后，甲方与乙方开始签订技术开发合同，开发合同内容包括项目内容，费用信息（支付账户、支付时间、支付数额），工期计划，后期维护内容，违约责任，知识产权归属，保密协定等。此外，也有部分合同是在需求确定前签署的，如乙方是成熟的 EPR 或 MES 软件服务供应商的情况下，可以将上述甲方需求确定过程也纳入软件服务的范畴，在定制需求前即可以签署软件服务合同。

项目开发和验收：项目开发阶段是整个项目实施耗时最长的阶段。在该阶段，甲方通常会根据实际开发情况对需求方案进行调整，这会导致开发工期的延长。开发完成后就进入验收阶段，验收通常由甲方进行，或者在项目规模较大的情况下，由甲方委托第三方公司进行验收。验收过程通常包括验收报告，该报告明确所开发的软件功能或系统功能的完成情况。甲方如果认同项目已完成，则在验收完成报告上签字；如甲方或第三方公司认为还未完成，通常情况下会发出问题清单，要求乙方按照清单进行整改。一般在验收完成后，代表甲方认同项目已整体开发完成，此时甲方通常需要向乙方支付 90% 以上的费用。可见，验收是整个流程中非常重要的一环。

实施与维护：项目通过验收后则进行发布上线，即到了实施阶段。由于项目开发过程中并未经过非常充分的测试，或者后续软件版本可能存在更新迭代，因此，在项目实施的一段时期内可能出现各类问题，为了保证后续项目的稳定运行，需在项目验收后增加实施与维护环节。

（三）合同纠纷问题

合同纠纷通常由双方需求变化导致的，在项目开发过程中委托方通常会对需求进行调整，比如委托方可能根据开发方某一阶段的工作成果或者自身需求的变化临时提出修改意见，或者委托方对软件功能的理解随着开发工作的逐步深入发生变化而需要调整，需求调整过程往往涉及合同内容的变更。由于开发方为提供服务的一方，往往考虑到业务合作的关系而不主动要求进行确认，或者虽然提出要求确认的意思但在委托方未表示明确同意的情况下仍继续进行后续开发，由此导致工作量变大或者交付期限超出合同约定、软件开发的结果与原合同约定不同，引发较大的合同争议。

（四）调查重点内容

针对上述合同纠纷案件，在调查过程中需要明确以下内容。

需要明确当前项目完成情况，具体为根据双方签订的合同判断开发方是否已经完成整个软件或系统的功能；在双方矛盾产生前，该系统或软件还存在哪些问题；上述问题是否约定在经双方确认的合同中，如可以根据验收阶段的验收清单或委托方反馈的问题清单进行项目问题的分析，对照双方的合同范围判断开发方是否已经完成项目或者实现产品的基本功能。

在项目进行过程中，委托方提出哪些需求变更，该变化是否已超出在原先的合同约定的范畴或者双方是否重新确认过该变更的需求，该需求的变更是不是导致工期延误的主要原因，如通过阅读双方的交互邮件、聊天记录、工作日志等，确定需求的变更内容和提出变更的时间点，并对照合同判断该变更后的需求是否超出双方之前所约定的范围。同时，根据双方的交互邮件、聊天记录、工作日志确定双方反馈问题和解决问题的反应时间，判断哪一方是工期延误的主要责任人。

三、商业秘密侵权纠纷案件的办案技巧

在涉及计算机领域的商业秘密案件中，原告主张的密点可能包括算法、软件架构等内容，上述算法和软件架构并不同于其他领域的密点，其无法通过产品直接观测获得。❶ 以下从"三性"判断和同一性判断两个部分对涉及计算机领域的商业秘密案件的办案特点进行说明。

（一）"三性"判断

1. 密点为软件代码的情况

涉及计算机领域的商业秘密案件中，原告主张的密点通常包括软件本身。对于软件本身的"三性"判断可以参考上述软件著作权侵权纠纷案件中的独创性源码的判断，即排除掉开源软件或第三方代码后将剩余的独创部分的代码作为密点进行"三性"的判断，因为上述开源软件代码和第三方代码均为他人开发的代码。❷

对于秘密性判断，如果上述软件代码已经上市销售，并且用户可以通过前端的使用过程直接观察得知，或者可以从后台代码层面通过一定技术手段获得的具体实现路径和方式的，则不能认为该代码具有秘密性，如像CSS、JavaScript、HTML 实现的程序源代码是可以被用户通过浏览器端的开发者模式获取。此外，自动生成的代码和上市销售后可以通过反编译获得的代码均不具有秘密性。

对于保密性和价值性的判断，保密性则根据原告的保密措施和对应的密点及载体形式等进行判断；价值性则是让编译后目标代码在实际环境下运行，分析其所实现的功能与原告的主张是否符合。若软件已上市销售，原告可提供相应的销售发票或合同，以说明软件的价值性。

2. 算法或软件架构等抽象内容属于密点的情况

软件架构或算法可能存在于软件代码中或操作流程文件中，也可能直

❶ 彭飞荣. 论算法作为商业秘密的侵权认定 [J]. 浙江社会科学，2023（6）：48-55.
❷ 刘涛，于丰源. 侵犯商业秘密犯罪案件电子数据审查难点及对策 [J]. 人民检察，2022（13）：61.

接记载于文件中，如直接记载于产品说明书、宣传 PPT 等文件。对于存在于软件代码中或操作流程文件中的软件架构或算法，需要先对该软件代码或操作流程文件进行分析，判断该代码或流程文件是否可以抽象出上述算法或软件架构。例如，在某些案件中，原告提供的密点载体为某一数据库网站的一系列检索界面操作图，原告认为通过该系列的操作图可以反映该数据库的检索算法，包括检索索引的查找过程、检索结果的排序算法等，检索索引的查找过程、检索结果的排序算法等为数据库设计人员根据一定的算法对检索结果进行筛选和排序显示的流程；检索输入设置中还包括检索式的逻辑设定等，该类的确属于技术信息。但上述操作图仅能反映某一关键字的输入形式和输入结果，并没有体现输入关键字的分词过程、排序过程等。因此，上述界面操作图并不能抽象出申请人所主张的包括检索索引的查找过程算法、检索结果的排序算法等密点。又如在某些案件中，涉案产品也是某一数据库网站，原告提供的密点载体为网站对应的软件著作权登记代码，原告认为某一段代码所实现的检索结果排序流程为其密点，通过分析该段代码判断该流程的确符合原告的陈述，则可以认为载体可以体现密点。

对于秘密性判断，如果产品已经对外销售，并且用户可以通过产品的使用或者通过反向工程的手段获取对应的算法流程或软件架构的，则认为上述算法或软件架构等抽象内容的秘密性不成立。例如，原告主张的密点为一通信协议，包括通信过程中的收发时隙、数据帧的结构等，但原告已经在被告接触该载体前将对应的设备产品对外销售。现有技术中，如果通过拦截设备间通信数据和拆解设备等技术手段可还原出上述通信协议的内容，则不能认为该通信协议具有秘密性。此外，如果该算法和软件架构属于所属领域的常规算法和常规架构，则同样不具有秘密性。

对于保密性和价值性的判断，保密性同样根据原告的保密措施和对应的密点及载体形式等进行判断；价值性则是对算法或软件架构的内容进行分析，通过执行体现算法或架构内容的代码，判断代码所实现的功能是否符合原告主张。若产品已上市销售，原告可提供相应的销售发票或合同，以说明软件的价值性。

（二）同一性判断

对于将代码作为密点的同一性判断可以参考软件著作权的侵权对比；对于算法或软件架构等抽象内容作为密点的同一性的判断，可以通过运行双方的体现算法或架构内容的代码程序，分析对应程序执行的步骤和每个步骤所得到的结果，对算法的数据模型、逻辑流程等要素进行拆分对比，判断双方执行的算法流程是否相同；还可以通过直接比较双方代码的方式进行同一性判断。

四、集成电路布图设计侵权纠纷案件的办案技巧

集成电路布图设计纠纷案件也是计算机领域较常遇到的案件类型，根据《集成电路布图设计保护条例》（以下简称《条例》）的规定，集成电路布图设计是指集成电路中至少有一个是有源元件的两个以上元件和部分或者全部互连线路的三维配置，或者为制造集成电路而准备的上述三维配置。申请人在提交集成电路布图设计登记申请时除了要提交布图图样外，还需要提交集成电路样品。以下针对相关办案流程中比对基础、独创性判断这两个方面进行办案技巧的分析。

在比对阶段，需要将涉案侵权产品与原告登记的布图设计图样进行对比，同时还需要原告说明其集成电路布图设计的独创点，该独创点必须体现在其登记的布图设计图样中。例如，在（2019）最高法知民终 490 号案件中，原告赛芯电子提供的证据《司法鉴定意见书》将登记备案的样品芯片与涉案侵权芯片进行对比，造成明显对比不当。此外，原告主张的六个独创点也并未体现在布图设计的图样中，最终造成司法鉴定意见书并不被采纳。❶

此外，原告提供基础电路布图设计及原告所说明的独创点均需要符合《条例》的规定，即布图设计应当包含以下内容：两个以上半导体元件，其

---

❶ 参见最高人民法院（2019）最高法知民终 490 号民事判决书。

中至少一个为有源元件、元件的大小、位置及其互相的空间位置关系。而在某些案件中，原告提供的布图设计图样缺少某些必要图层，如 SAB、P+源漏注入层、N 阱 WELL、P 阱 WELL 等与有源元件结构直接相关的图层，造成该布图设计不符合《条例》的规定。此外，如原告主张的独创点仅为 Pad 图层、金属图层或者连接图层的排布结构，或者仅涉及版图的长与宽的设计，而未说明该设计中涉及哪些图层并与哪些有源器件的结构相关的情况下，该独创性也不成立。

五、专利侵权纠纷案件的办案技巧

计算机领域的专利侵权案件相较于一般专利侵权案件具有一定的特殊性。以下从权利要求类型、侵权判定、现有技术抗辩三个方面对专利侵权案件的办案技巧进行总结。

对于权利要求类型，涉及计算机程序的专利与其他领域类似，均包括了方法类和产品类的权利要求，如包括计算机硬件内部的模块组成或者电路结构、计算机程序控制对应功能模块、处理对应数据实现方法流程等。但是，两者还是具有显著的区别，涉及计算机程序的专利技术方案需要通过计算机程序实现，计算机程序是固化在计算机可读存储介质上的，因此相关专利通常还包括一类特殊的产品权利要求，即介质类权利要求。而针对该类权利要求与传统的产品权利要求不同，传统产品权利要求通常包括结构、组件、功能模块等特征，介质类权利要求所包含的特征更类似方法权利要求，以流程步骤的方式进行限定。

对于侵权判定，相同侵权则是遵从全面覆盖原则，判断被诉侵权产品是否覆盖了权利要求中限定的全部步骤；等同侵权则是遵从"三个基本"原则，要考虑将被控侵权的技术构成与专利权利要求书记载的相应技术特征进行比较，总结被诉侵权产品与专利的区别特征，以及该区别特征在权利要求整个技术方案中所解决的技术问题，判断被诉侵权产品是否采用了基本相同的手段，实现基本相同的功能，达到基本相同的效果，在被诉侵权行为发生时本技术领域人员无须经过创造性劳动能够联想到上述区别特征。

对于现有技术抗辩,《最高人民法院关于审理侵犯专利权纠纷案件应用法律若干问题的解释》第十四条规定:"被诉落入专利权保护范围的全部技术特征,与一项现有技术方案中的相应技术特征相同或者无实质性差异的,人民法院应当认定被诉侵权人实施的技术属于专利法第六十二条规定的现有技术。"现有技术抗辩中的"现有技术"只能是一项现有技术方案,而不能是多项现有技术方案的组合,这与新颖性判断中的单独对比原则相类似。与新颖性判断不同的是,现有技术抗辩不能使用申请在先公开在后的对比文件,可见该"现有技术"的内涵范围要比新颖性判断的内涵更小。然而对于现有技术方案与公知常识组合进行现有技术抗辩,最终生效的《最高人民法院关于审理侵犯专利权纠纷案件应用法律若干问题的解释(二)》并未有相关的规定,但在其他的司法文件中存在类似的表述。

最高人民法院印发《关于充分发挥知识产权审判职能作用推动社会主义文化大发展大繁荣和促进经济自主协调发展若干问题的意见》的通知中记载:"被诉侵权人以一份对比文献中记载的一项现有技术方案或者一项现有设计与公知常识或者惯常设计的显而易见组合主张现有技术或者现有设计抗辩的,应当予以支持。被诉侵权人以实施抵触申请中的技术方案或者外观设计主张其不构成专利侵权的,可以参照现有技术或者现有设计抗辩的审查判断标准予以评判。"

《北京市高级人民法院专利侵权判定指南(2017)》第一百三十七条规定:"现有技术抗辩,是指被诉落入专利权保护范围的全部技术特征,与一项现有技术方案中的相应技术特征相同或者等同,或者所属技术领域的普通技术人员认为被诉侵权技术方案是一项现有技术与所属领域公知常识的简单组合的,应当认定被诉侵权人实施的技术属于现有技术,被诉侵权人的行为不构成侵犯专利权。"

上述规定可以看出现有的司法实务中并不排斥将一项现有技术与公知常识进行结合来判断现有技术抗辩是否成立。例如,在"轮胎胎压监测器"

专利侵权案件中，被告公司使用了外文专利文献结合公知常识的简单组合作为现有技术证据，案件最终结果为发明专利被全部无效，原告撤诉。❶

结　语

本文从计算机领域出发，按照软件著作权侵权纠纷、技术开发合同侵权纠纷、商业秘密侵权纠纷、集成电路布图设计侵权纠纷、专利侵权纠纷这五种案件类型，对技术调查工作中所遇到的常见问题和应对方法进行总结，希望为熟知该专业技术领域的技术调查官提供参考，能通过自己对诉争技术的了解，为法官的审判提供专业咨询意见，进而提高审判效率。

---

❶　参见杭州市中级人民法院（2016）浙 01 民初 342 号民事判决书。

电学领域技术合同纠纷案件办案思路与技巧

徐俊伟 *

摘要： 党的二十大报告提出加强知识产权法治保障。技术类案件审理中，技术调查官作为司法辅助人员，帮助法官厘清技术事实。随着公众法治意识的不断增强，以及计算机、半导体行业的欣欣向荣，电学领域技术合同纠纷愈发多见，虽然最高人民法院给出了审理该类案例的指导，但却涉及法律及程序角度，未涉及技术事实认定，因此梳理出该类案件的办案思路与技巧，有一定的参考意义。本文第一、二部分，阐述了技术调查官参与技术合同纠纷的现实需求、理论依据；第三部分从程序审查、技术审查梳理了常规办案流程；第四部分以现有案例作为展开，从技术事实认定、合同关联性及思维方式三个角度，阐述了对技术调查官而言存在的难点和注意点。期望通过本文的梳理，可在法院审理电学领域技术合同纠纷案件中帮助严厉惩治侵权行为，加大保护力度，形成平等、公正的创新创业环境，以知识产权保护方式促进重点产业发展，激励高质量创新。

一、助力司法保护，激发创新活力

党的二十大提出了全面推进中国式现代化的重大战略部署，在党的二十大报告中提出"增强自主创新能力，加快实现高水平科技自立自强""加快实施创新驱动发展战略"，这充分表明我国矢志不移建设创新型国家的坚定决心。

---

* 国家知识产权局专利局专利审查协作江苏中心。

知识产权一头连着创新，一头连着市场，知识产权是赋能创新成果的最主要方式，知识产权的高质量创造是创新发展的基本内涵，知识产权的高水平保护是创新发展的制度保障。习近平总书记强调："加强知识产权保护工作顶层设计""提高知识产权保护工作法治化水平""深化知识产权保护工作体制机制改革"，体现了党和国家对知识产权保护的重视程度，也明确了加强知识产权法治保障对于创新发展的重要性。司法保护是知识产权全链条保护中的重要环节之一。通过加大对侵权行为的严厉惩治，有助于创新环境和营商环境优化。

近年来计算机行业的大数据技术与人工智能技术、半导体技术、芯片技术的高速发展，在新领域新业态下，高新技术的参与者、研发者，对于知识产权司法保护的需求日益增进。各级法院在电学领域遇到越来越多的技术类案件。[1] 由于知识产权法官通常不具备理工科背景，我国也没有如德国专利法院的技术法官，故为增强法官对涉技术类案件技术事实的查明能力，可以在上述案件的审理中按需引入技术调查官，为法官提供技术辅助。

可见，技术调查官制度的引入目的是确保司法公正与效率。案件的审判质量处于司法保护最重要的位置，必须牢牢把握公正这一根本要求，引入技术调查官帮助技术事实的查明，无疑体现出公正是审判的生命线。同时，知识产权的时效性也决定了审判效率关乎权利人创新权益能否及时实现、关乎创新活力迸发、关乎营商环境营造。可见，在新领域新业态，技术调查官制度对于知识产权司法保护的支撑，能有效激发创新活力，推动高质量发展。

二、技术调查官参与技术合同纠纷的理论依据

《最高人民法院关于知识产权法院技术调查官参与诉讼活动若干问题的暂行规定》（以下简称《暂行规定》）规定知识产权法院配备技术调查官，技术调查官属于司法辅助人员，并且具体规定了技术调查官参与诉讼活动

---

❶ 北京知识产权法院.技术调查官制度创新与实践[M].北京：知识产权出版社，2019：4-9.

的内容，包括有关专利、植物新品种、集成电路布图设计、技术秘密、计算机软件等专业技术较强的民事和行政案件。

而技术合同纠纷是指合同当事人之间就技术开发、转让、咨询或者服务订立的确立相互之间权利和义务的合同而发生的纠纷。❶ 按照《民事案件案由规定》，技术合同纠纷包括技术委托开发合同纠纷、技术转化合同纠纷、技术转让合同纠纷、技术服务合同纠纷等十二种具体案由。

虽然《暂行规定》中没有明确规定技术调查官参与技术合同纠纷，但判断何为技术合同纠纷的标准在于当事人之间发生争议的法律关系的客体是否为技术成果或技术秘密。2020年《最高人民法院关于审理技术合同纠纷案件适用法律若干问题的解释》（以下简称《合同案件解释》）中第一条规定，技术成果，是指利用科学技术知识、信息和经验作出的涉及产品、工艺、材料及其改进等的技术方案，包括专利、专利申请、技术秘密、计算机软件、集成电路布图设计、植物新品种等；技术秘密，是指不为公众所知悉、具有商业价值并经权利人采取相应保密措施的技术信息。同时2023年《中华人民共和国民法典》对各类技术类合同进行了具体定义，如技术转让合同是合法拥有技术的权利人，将现有特定的专利、专利申请、技术秘密的相关权利让与他人所订立的合同；技术许可合同是合法拥有技术的权利人，将现有特定的专利、技术秘密的相关权利许可他人实施、使用所订立的合同；技术转让合同和技术许可合同中关于提供实施技术的专用设备、原材料或者提供有关的技术咨询、技术服务的约定，属于合同的组成部分。可见，技术合同中涉及专利、专利申请、技术秘密等技术内容，属于《暂行规定》规定的技术调查官参与的诉讼活动内容，并且技术合同，顾名思义，其合同主要载体在于技术成果、技术秘密等技术内容，合同的约定也基于技术内容，有技术合同纠纷时，重点与难点也在于合同内涉及的技术事实查明。可见，技术调查官参与技术合同纠纷是依托于《暂行规定》的内容的。

---

❶ 审理技术合同纠纷案件面临的主要问题与对策 [EB/OL].（2019-10-15）[2024-02-05].www.sdcourt.gov.cn/dyzy/551590/551592/5674294/llyj0/5712537/index.html.

同时，根据苏州中级人民法院技术咨询的相关数据，2022 年对于技术合同纠纷的技术咨询需求，仅次于侵害实用新型及发明专利权，位居第三。对于具体技术合同纠纷所涉及的合同类型而言，包含了技术开发合同纠纷、技术服务合同纠纷等，而技术合同纠纷所涉及的技术类型，又以涉及计算机软件合同为主，同时还涉及半导体领域，可见在国家加快高水平科技自立自强和产业结构调整的指引下，涉及战略性新兴产业的高新技术不断涌现，技术合同纠纷开始出现新的变化，电学领域的技术合同纠纷往往涉及计算机技术、半导体技术等前沿的高新技术，特别是如大数据分析、人工智能模型、MicroLED 等近些年才出现的具备较高技术难度的新技术，其涉及的技术内容较新，相关的法律法规也在不断完善，其给案件的审判带来了一定的难度，对于技术事实的查明也带来了较大的困难。

三、技术合同纠纷常规办案流程

虽然《合同案件解释》给出了技术合同纠纷案件审理的指导性意见，但其主要涉及法律及程序角度，并未涉及技术合同纠纷中技术内容，因此有必要以技术调查官的视角梳理技术合同纠纷中涉及技术内容的常规审查流程，特别是基于电学领域技术合同纠纷的常规审查流程。

（一）技术合同纠纷的程序审查

对于技术合同纠纷的办案实践而言，《合同案件解释》中，规定了"与审理技术合同纠纷有关的程序问题"，其主要涉及管辖权、技术合同的成立及效力。

对于管辖权，技术合同法律关系主要由合同法进行规范。当事人之间发生争议时，往往忽略或者难以确定争议是否属于技术合同纠纷，有的当事人因为不了解相关法律规定而错误选择了管辖法院❶，因此管辖权的确定

---

❶ 审理技术合同纠纷案件面临的主要问题与对策 [EB/OL].（2019-10-15）[2024-02-05].www.sdcourt. gov.cn/dyzy/551590/551592/5674294/llyj0/5712537/index.html.

是技术合同纠纷案件审理的基础。虽然技术问题与程序问题通常是无法完全切割的,但实践中,审理中的程序问题往往是主审法官所要考虑的,作为技术调查官更多考虑的应该是技术问题。

除了管辖权之外,法官还应当确认技术合同的成立及效力。技术合同是当事人就技术开发、转让、咨询或者服务订立的确定相互之间权利和义务的合同。当事人依照合同法的规定,本着有利于科学技术进步,加速科学技术成果的转化、应用和推广的原则,自愿订立的技术合同依法成立。

对于技术合同效力的认定,除了《合同法》第五十二条第五款一般无效事由之外,该技术合同部分还做了特别规定非法垄断技术、妨碍技术进步或者侵害他人技术成果的技术合同无效。另外,技术转让合同中,限制技术竞争和技术发展的转让合同无效。司法实践中,合同无效情形一般多见于技术转让合同,技术开发合同一般不存在无效情况。

(二)技术合同纠纷的技术内容审查

在法官确认相关的程序性问题无误、技术合同成立后,技术调查官在技术合同纠纷中的事实查明,主要为了帮助确认技术合同的解除条件是否满足,以及技术合同纠纷中当事人法律责任的确定,以确定双方是否存在违约责任。那么对于技术调查官在技术合同纠纷中的事实查明,通常可以按照以下四个步骤进行。

1. 明确技术合同纠纷的原被告在技术合同中的身份

在技术合同中会约定由乙方提供技术开发、技术服务等技术性内容给甲方,甲方按照合同约定的时间节点给予乙方相应的报酬,由此技术合同纠纷产生的原因可能在于:第一,乙方认为在已经完成约定的相应内容后,甲方未如期支付相应报酬;第二,甲方认为乙方并未完成约定的内容,要求乙方承担违约责任。相应的,存在以下诉讼缘由:第一,乙方作为原告起诉甲方按照合同约定承担违约责任;第二,甲方作为原告起诉乙方按照合同约定承担违约责任;第三,乙方作为原告起诉甲方按照合同约定承担违约责任后,甲方作为反诉原告起诉乙方未完成技术合同约定的内容,要求乙方承担违约责任。虽然在技术合同纠纷案件审理中，原被告双方在技术合同中的身份较为明确，但在实际审理过程中往往会涉及第三方，较为常见的第三方来源是甲方与第三方签订合同后，甲方再与乙方签订技术合同，其技术合同的技术内容实质是为甲方与第三方签订合同服务的，并且甲乙双方纠纷的起源通常也涉及甲方与第三方签订合同并未能够如实履行，那么第三方在诉讼过程中基于自身利益考虑，会提出相关的证据举证及对原被告的证据进行质证、陈述，这些内容可能会对技术调查官的技术事实查明造成一定干扰。技术调查官在技术事实查明时，其事实依据必须是基于原被告技术合同所约定的技术内容，避免引入与案件无关的被原、被告与第三方之间的合同内容，从而影响技术事实查明结果。

2. 关注技术合同的时间问题

通常在技术合同中，如技术开发合同中会记载开发得到技术内容的交付时间，甲方给乙方支付报酬的时间节点，这些时间节点涉及合同中甲乙双方应尽义务的时间，也是技术调查官查明技术事实中应当考虑的时间节点。然而在技术合同纠纷中，合同双方在纠纷发生前，双方的沟通及沟通记录会处于较为和谐的境地，在纠纷发生之后，原被告双方基于自身利益考虑，提供的沟通记录等证据内容会更多地具有倾向性，那么技术调查官在查明技术事实时，对于证据内容的采信、筛选、考量，也需要基于纠纷发生前后作出合理判断。

对于技术合同中的时间问题，值得注意的是，如在技术开发合同纠纷中，提供技术内容的乙方往往提供证据乃至产品来证明自己具备相应的技术能力、完成了合同规定的技术内容，然而应当注意乙方提供的证据、产品产生的时间，是在技术合同约定的时间内，还是为了诉讼活动而产生的。

3. 关注技术合同中约定的技术内容与验收标准

通常如技术开发合同中约定乙方交付给甲方的交付成果为如专利、产品、设备等，或者如技术服务合同中约定乙方给甲方提供软件服务并完成定制化的软件开发，因此技术合同中约定的技术内容才是技术调查官应当查明的技术内容之一，甚至是最主要的技术内容。

在技术合同中，除了约定提供的技术内容之外，为了验收，合同中通常会约定考量相应技术内容完成度的指标，即交付标准、验收标准，如生产设备的平整度、机构分解能力等性能指标，软件开发合同中软件各模块能够实现的相应功能等。即使上述完成度的指标在技术合同中并未约定，合同双方也会在后续过程中签订或者协商相关的验收标准，验收标准通常涉及一系列参数、性能指标等，验收标准是技术调查官应当查明的技术内容之一，其能够表明乙方是否真实地完成了技术合同约定内容。应当注意的是，当技术合同中约定了验收标准，后续双方又产生新的验收标准，那么由于验收标准是双方协商后确定的，应当以双方确定的验收标准为准。

因此对于技术合同中约定的技术内容与验收标准，技术调查官在卷宗查阅过程中，必须针对合同内容及双方确定的验收标准，一项项地梳理乙方应当交付给甲方的技术内容与验收标准。为了更好地帮助梳理，可以采用如表1的方式更为清晰地梳理合同约定的技术内容与验收标准。

表1　合同约定的技术内容与验收标准

生产工艺流程				
合同约定内容	无相应内容	具备相关内容	不能实现相应功能	备注
A				
B				
C				
D				
E				
F				

表1中第1列用于记载合同约定应当交付的技术内容，第2、第3列用于记载乙方是否完成相应技术内容，第4、第5列用于评估交付内容是否达到验收标准及未能达标的原因。

4. 庭前听证与庭审环节

在阅览卷宗明了原被告的证据、质证过程、合同约定的技术内容与验收标准后，应当罗列存在疑问点，如时间节点、合同约定的技术内容与验收标准，有疑问的地方可以当庭向原被告发问，如所要交付的产品、软件处于何种状态。若产品或软件处于已完成状态，可以提出现场查看或者后续提出勘验请求。同时，针对共同约定的技术内容与验收标准，可以一项项地对原被告提问以明确是否完成相应内容，以此帮助后续的技术事实查明。

四、技术合同纠纷中的技术事实查明注意点

由于技术事实的查明是一个非常复杂的问题，且涉及法院与当事人诉讼权利的正当行使，然而技术调查官的来源不同，受工作经验及职业思维影响他们对同一技术事实的判断可能存在一定差异。因此在技术合同纠纷中的技术事实查明时，把握以下三个注意点。

（一）关于技术事实认定与合同约定费用之间的关系

山东省东营市中级人民法院发布的《审理技术合同纠纷案件面临的主要问题与对策》给出了审判实务中应当注意的几个问题，如多种合同内容交织在一起时的案由确定、转让的技术为公有技术时技术转让费的处理、合同效力与合同履行问题的区别对待等。❶特别需要注意的是，技术内容与公有领域技术之间的关系。例如，当事人一方以技术转让的名义提供已进入公有领域的技术，或者在技术转让合同履行过程中合同标的技术进入公有领域，但技术提供方进行技术指导，传授技术知识，为对方解决特定技术问题符合约定条件的，按照技术服务合同处理，约定的技术转让费可以视为提供技术服务的报酬和费用，但法律、行政法规另有规定的除外。技术转让费视为提供技术服务的报酬和费用是明显不合理的，人民法院可以根据当事人的请求合理确定。从上述内容可以看出，对于技术合同纠纷中

---

❶ 审理技术合同纠纷案件面临的主要问题与对策 [EB/OL].（2019-10-15）[2024-02-05].www.sdcourt. gov.cn/dyzy/551590/551592/5674294/llyj0/5712537/index.html.

的技术转让合同纠纷，需要对于合同内约定的技术内容是否已经转入公有领域进行审查，该技术事实的查明对于合同约定的报酬与费用所产生的争议具有较大的影响。

（二）对于多个技术合同纠纷的关联性考虑

对于技术合同，涉及较为前沿的技术时，为了适应技术发展水平，甲乙双方基于相同领域的技术会连续签订多个技术合同，其合同约定可能基于某个特定的技术内容。如在计算机软件开发、服务合同中，通常签订合同的技术内容是基于乙方拥有的计算机软件著作权、计算机软件程序等基础技术，进而为甲方开展定制化服务，那么会存在以下两种情况：第一，连续技术合同之间是相互独立的；第二，连续技术合同之间具备关联性，关联性在于后期技术合同实现的技术基础基于前期技术合同产生的技术成果。这两种情况产生的不同违约责任、违约金额认定是诉讼过程中原被告诉争的重点，并且在司法实践中，该类型的案件为数不少，如广东亿润网络技术有限公司、广州镭风信息科技有限公司计算机软件开发合同纠纷民事二审民事判决书❶中涉及一期、二期两份合同关联性的事实认定，赫徕森漫游有限公司、深圳市宜联畅游技术有限公司技术合同纠纷民事二审民事判决书❷涉及涉案六份合同相互关联、相互影响的技术事实认定。

在涉及多个技术合同纠纷时，如何判定多个技术合同之间的关联性成为案件审理的重点之一，而技术合同之间的关联性除了与其在合同中约定的技术成果直接相关，更与多个合同内约定的交付内容的关联度直接相关，技术调查官参与此类案件审理时，对于技术事实认定除了考虑各个技术合同约定的技术成果的关联性之外，必须考虑各个合同约定的交付内容，否则容易陷入只考虑技术关联性而导致对事实认定存在错误。

以下以（2021）最高法知民终 1961 号案件的审理过程为例，阐述多个技术合同之间关联性的考虑。原告认为"《一期产销技术合同》和《二期

---

❶ 参见最高人民法院（2021）最高法知民终 1961 号民事判决书。

❷ 参见最高人民法院（2021）最高法知民终 1039 号民事判决书。

展销技术合同》彼此独立，双方签订的《二期展销技术合同》系在《一期产销技术合同》的基础上融合、开发的，最终交付后，交付成果仅有 1 项，且不可分割"，被告认为"一期开发内容和二期开发内容完全是两个独立的模块。双方签订的《一期产销技术合同》的附件一中有明确的开发项目内容，第一阶段为'商城功能'，第二阶段为'会员卡系统功能'，第二阶段的开发内容与《二期展销技术合同》中约定的开发内容并不一致"。原审法院认为'根据《一期产销技术合同》与《二期展销技术合同》的内容，可以认定两合同指向的是同一平台的两个不同开发阶段，两阶段成果彼此联系、相对独立，第一阶段成果应可独立使用，第二阶段成果配合第一阶段的功能。根据双方签订的《补充协议书》可知，一期工程已开发完成，镭风公司交付了开发成果，亿润投资公司支付了开发费用，双方对该合同主要权利义务履行完毕。因此两个合同无直接关联'。最高人民法院认可了原审法院认定的两合同无直接关联的结论，并指出"在第一阶段验收交付以后，亿润投资公司可决定是否开发第二阶段，并以书面形式通知镭风公司。如亿润投资公司决定不再开发第二阶段的，则亿润投资公司无需向镭风公司支付第二阶段费用，且不构成违约"。

从上述判决书给出的启示可以看出，如果技术调查官仅从技术角度考虑问题，认为展销技术合同的事实，必须依赖于产销技术合同中乙方交付的技术成果，那么从技术成果关联性角度考虑，会陷入两个技术合同之间的实施存在无可分割的关联性这样的误区。然而技术合同作为合同，其是否产生违约行为必须基于合同约定的内容，正如最高人民法院所述的"涉案软件系统第一、第二阶段的开发成果具有关联性，但第一、第二阶段是相互独立的开发阶段，且第一阶段的成果单独交付、单独验收也可以独立使用"，多个技术合同之间的关联性，应当更多地取决于多个合同内所约定的内容，而不是技术成果之间的关联性。

从上述最高人民法院的判决书可以看出，如果只考虑多个连续的技术合同之间的技术关联性，甚至忽略了合同约定的技术成果交付情况，将会导致事实认定错误，因此作为技术调查官，必须在技术事实角度解读多个技术合同之间的关联性时，考虑合同具体内容，有效帮助法官查明多个技术合同纠纷的事实真相。

（三）审查员担任技术调查官参与技术合同纠纷时的注意点

对于从事专利审查的审查员而言，其具备较为深入的理工科背景知识、较强的技术能力、接触着最前沿的技术，这是审查员作为技术调查官的优势。但是，长期的专利审查工作容易让审查员形成的审查习惯，对于更多关注案件信息中的技术内容、对双方约定内容重视不够。在技术调查官参与技术合同纠纷实践中，必须仔细区分技术合同约定的技术内容是什么、原被告约定交付的标的物具体是什么，尤其在卷宗查阅、听证环节容易出现司法实践中技术调查官可能超出技术事实范围作出法律判断的情况。

同时，在技术合同纠纷审理过程中，基于合同纠纷审查主要是查看合同内约定的条款，因此技术合同纠纷中涉及的技术内容也需要基于合同约定内容来看技术事实。在某一涉及半导体领域的技术合同纠纷案中，合同中约定的技术内容是在产线投产两年后实现争议器件的量产，由于该合同因为双方纠纷而导致未能继续执行下去，如果仅从技术角度考虑争议器件在当前阶段量产的可能性，显然偏离了审查合同条款应当考虑的范畴。

因此，技术调查官在参与技术合同纠纷时，查明的技术事实必须是技术合同内约定的技术内容，在技术合同纠纷的技术事实查明中，必须以合同内规定的义务为准，避免过度注重技术内容导致技术事实查明的内容超出了合同规定的义务范围，即应当避免过分纠结技术内容而忽视法律问题，影响整个案件的走向。

五、总　结

技术调查官制度在知识产权审判中在弥补法官专业技术知识之不足、协助法官查明技术事实方面发挥着举足轻重的作用。随着社会主义法治建设的不断推进，社会公众的法治意识不断增强，越来越多的公众通过合同签订的方式去保障自身的合法权益，体现了社会主义法治建设的成果，随着高水平自立自强的要求，涉及战略性新兴产业、"专精特新"的技术合同纠纷也越来越多，特别是涉及计算机软件技术合同纠纷、半导体领域技术合同纠纷的案件数量正逐年上升，且由于其通常涉及较新的高精尖技术，对于案件中的技术事实查明存在一定难度。作为电学领域的技术调查官，在参与上述技术合同纠纷时，能够梳理出适合于电学领域技术合同纠纷的通用办案流程，整理出技术合同纠纷中的难点和注意点，为电学领域技术合同纠纷案件的公正审理提供技术支撑，还能够提升案件审理的效率，从而让司法实践适应现代高科技的迅猛发展及在法律规范的调整，提高审判的专业化水平。

CHENGGUOZHANSHIPIAN

成果展示篇

2017—2021 年技术调查官助力知识产权司法审判十大典型案例

技术事实的查明是知识产权技术类案件正确适用法律并公正裁判的基础。苏州知识产权法庭探索构建"一基三面"技术调查官苏州模式，在全国首创技术调查官担任法院"特邀调解员"和"人民陪审员"的"一官二员"新机制，作为七家交流单位中仅有的两家地方知识产权法庭之一，应邀在全国法院知识产权审判工作座谈会上做现场经验交流。技术调查官通过"翻译"技术难题，实现"技术参谋"，为实质化推动技术类知识产权案件的审理提供了坚实的智力支持。为进一步放大技术调查官苏州模式的示范作用，特将 2017—2021 年五年间由技术调查官提供技术咨询、参与诉讼的已生效案件进行梳理，从中精选出十件典型案件予以发布。

一、周某诉无锡瑞之顺机械设备制造有限公司侵害发明专利权纠纷案 [（2019）苏 05 知初 1122 号]

【案情简介】

周某系名称为"排水板成型机"的发明专利权人。因发现无锡瑞之顺机械设备制造有限公司（以下简称"瑞之顺公司"）涉嫌侵权行为，周某向苏州市中级人民法院提出诉前证据保全申请。法院立案受理后及时作出民事裁定，并在技术调查官的参与下至瑞之顺公司当时经营地点对其被诉侵权的排水板成型机采取保全措施。现场共拍照十张并制作证据保全笔录一份，保全笔录明确告知瑞之顺公司法定代表人杨某不得破坏或者转移保全证据，杨某作为在场人在保全笔录上予以签字确认。之后，周某依据诉前保全证据向法院提起专利侵权之诉，请求判令瑞之顺公司停止侵权并赔偿周某经济损及合理维权费用共计 100 万元。案件审理中，法院对被诉侵权产品进行现场勘验后发现，瑞之顺公司不仅将被保全证物擅自转移，其提供用于勘验比对的设备也并非诉前保全产品，诉前保全产品已被销售给案外人。瑞之顺公司上述行为致使被诉侵权产品灭失，案件无法进行现场勘验。法院认为，瑞之顺公司擅自转移、处分被保全证物，严重妨害民事诉讼，依法对其罚款 20 万元。

【法院裁判】

周某依据法院诉前保全证据就瑞之顺公司的行为提起专利侵权之诉。本案审理中，因瑞之顺公司擅自转移诉前保全证据进而导致该证据灭失。根据《最高人民法院关于知识产权民事诉讼证据的若干规定》第十四条"对于人民法院已经采取保全措施的证据，当事人擅自拆装证据实物、篡改证据材料或者实施其他破坏证据的行为，致使证据不能使用的，人民法院可以确定由其承担不利后果。构成民事诉讼法第一百一十条规定情形的，人民法院依法处理"，而诉前保全证据系本案进行侵权判断的关键证据，瑞之顺公司的前述行为导致诉前保全证据灭失，直接影响本案侵权判断的有效进行，故法院依据证据妨碍规则，依法认定诉前保全证据即被诉侵权产品落入涉案专利权利要求 1 的保护范围，构成专利侵权。

关于瑞之顺公司侵权责任的承担。首先，根据瑞之顺公司的经营范围、公司网站宣传展示内容，诉前证据保全情况及本案诉中现场勘验情况，足以认定其存在制造、销售、许诺销售被诉侵权产品的行为，周某诉请瑞之顺公司停止制造、销售、许诺销售侵权产品并销毁库存侵权产品依据充分。其次，就周某所提的法定最高限额的赔偿请求，法院综合考虑被诉侵权产品价值较大，瑞之顺公司侵权规模较大且情节较为恶劣，毁灭诉前保全证据以致严重妨害诉讼正常开展，在客观上增加周某一方的维权成本等因素，依法予以全额支持。

【典型意义】

本案系技术调查官参与证据保全，为后续侵权案件核心证据的固定起到关键作用的典型案例。本案被告在法院已对被诉侵权产品进行诉前证据保全措施的情况下，擅自转移证物导致该关键证据灭失，致使难以对设备的内部特征进行观察和现场特征比对。基于证据保全时对被诉产品外部特征的完整固定，技术调查官通过扎实的技术分析和研判，对该设备的内部结构进行了合理技术分析，从而有效保证了案件的顺利推进，并为法院严厉惩治被告不诚信行为、作出全省首例针对擅自转移证物行为的司法罚款提供了有力基础。本案获评 2021 年中国法院十大知识产权案件，入选 2021 年度最高人民法院知识产权裁判要旨案例。

【技术调查官心语】

本案涉及排水板成型机，涉案专利的权利要求 1 详细描述了该成型机的辊筒主体结构、辊筒表面的冲压粒子结构、辊筒内部管路构造及其与真空管路的连接适配方式。本案进行现场勘验时，笔者未发现保全的证物。没有证物，就无法直接观察成型机的内部结构和管路连接方式，那权利要求 1 中相关特征的比对要如何进行呢？

勘验结束后，通过与承办法官沟通，笔者开始探索根据已有证据来对无法直接比对的特征进行推定的可行性。这无疑对整体比对工作提出了更高的要求，因为当前掌握的证据只有保全拍下的产品外形照片、被告网站上的宣传资料及被告在庭审过程中的陈述，涉案产品的内部结构，特别是有关涉案专利发明点的真空管路连接适配方式并没有被保全，这些特征应当如何去推定呢？

为了便于进行效果分析，笔者和同事经过多次讨论，绘制出了如下简化原理图（见图 1）。

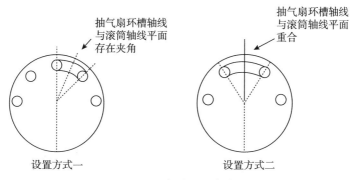

图 1 通气孔设置方式

基于多年的审查经验，笔者向法官建议，本案中排水板成型领域的公知常识和惯常设计也应当作为推定技术事实的重要依据。因为在无法获取最直接证据的前提下，根据目前的间接证据对侵权盖然性作出的判断依然要从本领域技术人员的角度出发。这一建议被法官采纳后，笔者针对听证过程中的争议焦点，对"冲压粒子""固定螺杆""真空泵""连通管路""真空抽气通道""抽气扇环槽"等特征，由易到难展开分析，逐个击破，有效保证了案件的顺利推进。

通过本案的审理，笔者深刻认识到，多年的专利审查实践赋予了自身作为技术调查官两方面的独特优势：一是具有丰富的技术储备；二是擅于从法律层面对技术事实进行分析、比对和认定，并且能用清晰准确的逻辑来将上述分析、比对和认定过程进行文字化表达。

二、浙江优逸克机械科技有限公司诉张家港海螺水泥有限公司、温岭市盛开物流设备科技有限公司侵害实用新型专利权纠纷案 [（2018）苏 05 民初第 1211 号]

【案情简介】

2017 年 8 月 16 日，浙江优逸克机械科技有限公司（以下简称"优逸克公司"）通过受让获得专利号为 ZL201620238460.2、名称为"一种码垛设备的传送装置"的实用新型专利，该专利目前处于有效期内。2018 年开始，优逸克公司发现张家港海螺水泥有限公司（以下简称"海螺水泥公司"）使用与优逸克公司专利设备完全相同的设备，该设备系温岭市盛开物流设备科技有限公司（以下简称"盛开物流公司"）生产、销售。优逸克公司故诉至法院，请求判令盛开物流公司立即停止制造、销售和许诺销售侵权设备并销毁侵权模具；两被告共同赔偿经济损失 80 万元及维权合理开支 10 万元。本案审理过程中，盛开物流公司主张两项现有技术抗辩，并于 2018 年 10 月 10 日向国家知识产权局专利局专利复审委请求宣告涉案专利权无效。2019 年 1 月 16 日，苏州中院法官和专利复审委的审查员共同对被诉侵权的自动叠包集装机进行了现场勘验，固定了案件关键证据。勘验次日，在苏州中院先后进行了专利侵权案件的庭审和专利无效宣告案件的口审。2019年4月12日，国家知识产权局作出第39286号《无效宣告请求审查决定书》，维持涉案专利权有效。

【法院裁判】

优逸克公司是涉案专利的专利权人，该专利权目前处于有效状态，应受法律保护。国家知识产权局针对盛开物流公司就涉案专利提出的无效宣告申请已于2019年4月12日作出审查决定，维持涉案专利权有效。本案中，涉案专利为实用新型专利，优逸克公司请求保护的权利范围是权利要求1、2记载的技术方案，认为被诉侵权技术方案落入其请求保护的权利范围。两被告公司对于被诉侵权产品具备权利要求1的技术特征1～8及权利要求2的全部附加特征均表示认可。双方的争议焦点主要在于权利要求1除技术特征1～8之外的特征，法院将该争议焦点具体分解，认为被诉侵权设备不具备"各传送电机驱动装置的启停受临近且位于靠近出料端一侧的传感装置控制"和"输送电机驱动装置启停受设置在传送轨道槽的进料端的传感装置控制"两项特征，故未落入涉案专利的保护范围。据此，法院驳回优逸克公司的全部诉讼请求。

【典型意义】

法院与专利行政部门联合对同一专利的侵权诉讼和无效宣告审查进行协同办理，是破解我国专利侵权民事诉讼与专利无效行政程序并行的二元制架构困境的创新举措。此次协同审理是苏州中院继与审协江苏中心建立完善"技术调查官"制度后，又一次司法与行政深度衔接合作的有益探索，有利于健全知识产权快速协同保护机制。与此同时，协同审理也节约了双方当事人的维权时间和维权成本，缩短了专利侵权纠纷中的维权周期，促进了人民法院与知识产权行政管理部门的交流合作，有力地探索了技术类案件办理新模式，为加强知识产权保护力度，完善知识产权保护体系建设积累了更多经验。

【技术调查官心语】

本案所涉专利为"一种码垛设备的传送装置",具体涉及一种运送袋装水泥的大型物流设备。在专利侵权诉讼阶段,原被告对于涉案专利权利要求1中所限定的"各传送电机驱动装置的启停控制方式"及"输送电机驱动装置的启停控制方式"在技术理解上存在较大争议。作为本案的技术调查官,我们通过结合涉案专利说明书的记载,对权利要求的保护范围给出了准确释义,并通过现场勘验中对被诉侵权产品进行启停控制方式的测试,对被诉侵权产品和涉案专利进行了详细的比对分析,明晰了二者的技术区别。对技术争议焦点的分析和解决为技术事实的准确判定奠定基础,也为案件公正审理和裁判提供了有力技术支撑,提升了审判质效。

本案同时是行政机关和司法机关联合办案的典型案件。作为本案的技术调查官,笔者还切实感受到知识产权行政保护与司法保护的有效衔接和配合,体会到专利权行政审查和专利侵权司法保护双轨保护模式的优势和效率,两案在同一地址的联合勘验加强了专利行政部门和司法部门的对接和交流,两案在同日的联合审理有利于保持当事人对专利权利要求解释的一致性。专利无效行政案件中对专利权利效力和专利权保护范围的确定,以及专利侵权民事案件中对现有技术抗辩问题的认定在联合办案中实现了技术层面和法律层面的协调统一,该联合办案模式确保了在确权行政和侵权民事两个程序中,两案审理人员在技术理解和证据认定时的裁判标准一致性,促进了办案质效的有力提升和专利纠纷的高效化解。

三、NCD 株式会社诉江苏微导纳米科技股份有限公司侵害发明专利权纠纷案 [（2019）苏 05 知初 339 号]

【案情简介】

NCD 株式会社持有"用于薄膜沉积的方法和系统"的发明专利。江苏微导纳米科技股份有限公司（以下简称"微导公司"）以原子层沉积（ALD）技术为核心,主要从事微、纳米级薄膜沉积设备的研发、生产和销售，产品主要应用于光伏、半导体领域。NCD 株式会社指控微导公司生产、销售的"夸父系列原子层沉积镀膜系统"（即 ALD 设备及工艺方法）侵犯其专利权，于 2019 年 5 月诉至苏州市中级人民法院，请求判令微导公司停止侵权并赔偿经济损失 300 万元。微导公司辩称，测量被诉侵权设备发现，设备基片与处理室侧壁之间的距离超过 60mm，基片与处理室前壁之间的距离超过了 100mm，不同于涉案专利权利要求保护的技术特征，被诉侵权设备未落入涉案专利权的保护范围，故请求驳回 NCD 株式会社的全部诉讼请求。案件审理中，法院组织技术调查官及双方当事人对微导公司的被诉侵权设备及工艺流程进行现场勘验。

【法院裁判】

经对微导公司被诉 KF550D 型夸父原子层沉积镀膜系统设备的主要运行方式进行现场勘验，将其与涉案专利技术方案相比，存在反应气体不进入处理室、进气与排气的流向为同一方向等不同之处。基于涉案专利系在克服现有技术缺陷的基础上所形成的，微导公司的被诉设备及工艺技术不具备涉案专利权的全部技术特征，未落入涉案专利权的保护范围。据此，判决驳回了 NCD 株式会社的全部诉讼请求。本案判决后，NCD 株式会社不服该判决提起上诉，最高人民法院于 2022 年 7 月 26 日作出终审判决，驳回上诉，维持原判。同年 8 月 1 日，微导公司成功上市科创板。

【典型意义】

高水平科技自立自强是国家的强盛之基、安全之要。当前，集成电路产业已成为新一轮全球科技竞争的核心之一。微导公司自主研发的 ALD 技术为集成电路、柔性电子等半导体与泛半导体行业提供高端装备与技术解决方案，填补了国产设备在该领域的空白，打破了国外半导体 ALD 设备长期垄断的局面。本案诉讼过程中，微导公司正处于科创板上市的关键时期。为公正裁判，法院启用多名技术调查官，先后开展多次技术论证，组织双方当事人及技术调查官至微导公司客户处就正常运行的涉案设备进行现场勘验和工艺流程验证比对，最终法院结合专利说明书及附图，对涉案专利的保护范围作出了准确界定，依法维护了微导公司自有创新技术的合法权益,为微导公司推进上市排除了障碍。本案裁判极大鼓励和激发了国内高新技术企业创新创造的热情和活力,为集聚力量进行原创性、引领性科技攻关和实现关键核心技术突破营造了良好的法治环境。本案作为典型案例被写入江苏省法院人大工作报告中。

【技术调查官心语】

本案中,被诉侵权设备处于运行状态,不能通过拆解进行技术特征对比,并且出于防尘需要还将整个用于沉积工艺的腔体罩在玻璃柜内,甚至无法直接近距离进行观察,这成为整个案件技术事实调查的最大难点。通常的技术调查思路是将涉案专利中的技术特征与被诉侵权方案进行逐一对比,但在设备运行的情况下无法直接对比,就本案所面临的困难而言,这种思路明显行不通。因此,双方当事人对于被诉侵权方案是否落入专利权的保护范围各执一词。

ALD 的核心工艺是供气沉积,而供气的具体方式又是这一工艺的关键技术之一,供气方式作为主要体现在腔体密封盖上的技术特征,存在较高被观察到的可能。基于自身对 ALD 技术的了解,制作勘验方案时将有可能被观察到的供气方式作为勘验重点,笔者变换技术调查思路,将逐一对比技术特征的思路转变为寻找关键技术上是否存在不同的思路。现场勘验过程中,发现在每次沉积完成之后,整个腔体会打开用于运出完成沉积的基片,此时会有短暂的时间露出腔体密封盖上的喷气板,时间为 3 ~ 5 秒。正是通过这短短的 3 ~ 5 秒,笔者发现被诉侵权方案中的喷气板无法实现涉案专利的供气方式,基于这一原子层沉积工艺中关键技术的不同,可以认定被诉侵权方案与涉案专利采用了不同技术路线,从而可以明确判定被诉侵权方案没有落入涉案专利权的保护范围。

本案的技术调查对技术调查官是一个挑战,不仅要求对 ALD 技术具有深入的了解,还需要在勘验现场具有敏锐的观察力。对 ALD 技术的掌握及敏锐的观察力是完成本次技术调查的关键。

四、上诉人天津青松华药医药有限公司与被上诉人华北制药河北华民药业有限责任公司专利权权属纠纷案 [（2020）最高法知民终 871 号]

【案情简介】

华北制药河北华民药业有限责任公司（以下简称"华民公司"）系名称为"高纯度氟氧头孢钠制备工艺"发明专利权的权利人，该专利所记载制备工艺的特征包括成酸反应、水洗萃取无菌过滤、溶析结晶和过滤洗涤干燥四个步骤。天津青松华药医药有限公司（以下简称"青松公司"）认为，依据双方签订的《委托加工生产协议》，华民公司系不当利用了青松公司拥有的技术秘密，并违反了应遵守的保密义务，对涉案技术秘密予以公开并申请专利，故诉至法院，要求确认涉案发明专利权归其所有。本案一审审理过程中，法院依青松公司申请，委托国威鉴定中心对涉案发明专利与涉案保密工艺是否相同或实质相同的鉴定事项进行鉴定。国威鉴定中心出具司法鉴定意见书认为，涉案发明专利的技术方案与青松公司"氟氧头孢钠"保密工艺技术方案从整体上不相同也不实质相同，一审法院据此驳回青松公司全部诉讼请求。青松公司不服该判决提起上诉，二审审理中，最高人民法院知识产权法庭邀请苏州中院派出技术调查官提供技术支持，对涉案专利授权文本、华民公司针对涉案专利审查意见通知书的意见陈述、青松公司主张保护的秘密点等事实进行了查明和固定。

【法院裁判】

二审法院认为，青松公司对于涉案保密工艺技术方案采取了保密措施，现有证据初步证明涉案保密工艺不为相关公众所"普遍知悉"，也并非"容易获得"，且该工艺主要目的是生产氟氧头孢钠，具有商业价值，可以认定青松公司主张的保密工艺技术方案为技术秘密。技术秘密权利人以侵害技术秘密作为请求权基础，主张有关专利申请权或者专利权归其所有的，应当审查专利文件是否披露了或者专利技术方案是否使用了该技术秘密，以及技术秘密是否构成专利技术方案的实质性内容。经审理，青松公司技术秘密确为专利方案所使用并披露，且构成专利技术方案的实质性内容，故作为技术秘密权利人的青松公司对涉案专利享有相应权利。而华民公司在获得青松公司涉案保密工艺基础上对涉案专利的部分内容作出了创造性贡献，可以认定青松公司、华民公司对于涉案专利均作出了创造性贡献。鉴于现有证据无法区分二者对于涉案专利的贡献程度，故涉案专利权应由青松公司、华民公司共同共有，一审判决认定有误，二审据此改判。

【典型意义】

本案系苏州中院应邀向最高人民法院知识产权法庭派出技术调查官提供技术支持、实现技术调查官统筹调配机制落地江苏"第一例"的案件。技术调查官在二审审理过程中摆脱司法鉴定对于技术文字进行表面比对的僵化思维，从发明专利构思角度深入分析了每一个步骤的原理和目的，深入分析技术实质，积极协助法院对发明与技术秘密二者间区别的实质性与否作出准确判定。本案确定的裁判规则入选《最高人民法院知识产权法庭裁判要旨（2020）》，不仅为此类疑难、复杂案件的处理提供了审理思路和裁判方法的指引，同时也是对技术调查官"苏州模式"实践成效的充分肯定。

【技术调查官心语】

本案系因涉嫌侵害技术秘密而引发的专利权权属纠纷案，在审理专利权归属问题这一争议焦点时，需要查明以下三大技术事实：一是青松公司主张的技术秘密是否成立；二是涉案专利文件是否披露了青松公司的技术秘密和涉案专利技术是否使用了青松公司的技术秘密；三是华民公司是否对涉案专利作出了实质性贡献。

由于涉案专利和技术秘密的技术方案为化学领域的后处理纯化工艺，此类型方案的特点是流程长、步骤多，各个步骤之间紧密联系、相互影响。上述特点容易导致在技术特征比对时，拘泥于文字表面意思，陷入僵化比对的困境，最终比对得到的区别特征繁杂，忽略技术特征与技术问题的关联性、技术特征之间的整体性。为了避免上述问题，并保证客观、准确查明事实，两个重点贯穿始终：一是发明构思，二是证据意识。

涉案专利的技术方案包括四个步骤：（1）成酸反应；（2）水洗、萃取、无菌过滤;（3）溶析结晶;（4）过滤、洗涤、干燥。基于化学领域的知识背景，结合检索到的文献，综合分析每个步骤的原理和目的，从表面到实质进行区别特征的比对和实质性与否的判断。例如，步骤（1）对中间体脱保护得到相应的酸，无论使用邻甲酚、间甲酚、对甲酚或其混合物，根据检索到的文献所公开的脱保护机理可知，均是利用了酚羟基的氢键实现脱保护，由此可以得出涉案专利和秘点无实质区别的结论。再如，经分析，步骤（2）涉及的先加碱后加酸的纯化机理实质为：首先，加入碱液使氟氧头孢酸转化为其盐，从而被萃取到水相;然后，加入酸液使氟氧头孢盐转化为其酸，又被萃取到有机相;最后，实现氟氧头孢酸的纯化。基于此分析，笔者抽丝剥茧般理出关键技术特征，并进行比对分析，摆脱技术特征逐一比对的僵化思维，有利于把握技术特征与技术问题的关联性和技术特征之间的整体性。

如此，通过细致分析每个步骤的目的和原理，从表面到实质进行区别特征的对比和实质性与否的判断，对涉案专利和技术秘密涉及的十几组区别逐一检索分析，引用 11 个附件作为佐证，出具 23 页技术咨询意见，最终为本案事实的查清提供了充分论证，有效帮助了案件厘清审理思路、提高审判质效。

五、西门子公司诉深圳市汇川技术股份有限公司、苏州汇川技术有限公司侵害发明专利权纠纷案 [（2019）苏 05 知初 274 号]

【案情简介】

西门子公司系第 ZL99109717.3 号"在故障模式下具有高输出的驱动器"发明专利权人，该专利是西门子公司变频器产品中使用的"中性点漂移"创新技术。经调查，西门子公司发现苏州汇川技术有限公司（以下简称"苏州汇川公司"）在其官网的文章及产品手册中采用了"中性点漂移"技术（苏州汇川公司称之为"非对称旁路技术"），并强调其具有的技术优势。在描述"非对称旁路技术"时，苏州汇川公司使用了与涉案专利说明书附图 5a 完全相同的示意图，故西门子公司诉至法院，主张损害赔偿 600 万元。诉讼中，西门子公司主张，被诉侵权的高压变频器通常用于工业高端应用中，价格较高且销售目标特定，因此提交实物的举证难度极大，其只能从公开渠道收集书面证据，具体包括被诉侵权产品的产品手册、苏州汇川公司官网及期刊上发表的文章等。

【法院裁判】

现行法律并未明确限定必须以被诉侵权产品的实物为要件进行侵权判定，即便在缺少实物产品验证的情况下，只要现有证据材料能客观、真实地反映被诉侵权产品所实施的具体方法，就可以之作为被诉侵权产品的技术方案用于侵权与否的判定。苏州汇川公司在其官网和其他公开媒介发表的有关 HD9X 系列及 HD71、HD72 型高压变频器相关技术资料及技术介绍文章，应视为其对上述相关产品自身采用的技术内容的客观描述，应当推定其真实反映了相关产品的具体技术方案。通过以上述技术资料及技术介绍文章等书面证据为依据进行技术特征比对，涉案被诉的 HD9X 系列及 HD71、HD72 型高压变频器在支路的功率单元出现故障时，设备即会通过实施专利方法的技术手段全面地覆盖了专利权利要求的相应技术特征，也即实现专利方法的实质内容被完全固化在被诉侵权的设备中。当功率单元出现故障时，被诉侵权设备时就能自然再现该专利方法的过程。因此，制造该被诉侵权设备的行为即属于实施了涉案专利方法的行为，侵害了西门子公司涉案专利权。就本案赔偿数额的确定，法院综合考虑涉案专利的类型、专利技术方案对高压变频器产品的价值贡献程度、侵权行为时间长、数量大，侵权获利数额巨大等因素，以及苏州汇川公司在本案诉讼中对西门子公司的赔偿请求仅予消极否定而未予提供被控产品的真实销售数据以佐证其辩解，在现行《专利法》规定的法定赔偿最高额之上酌情确定苏州汇川公司赔偿数额为 600 万元。

【典型意义】

本案系技术调查官辅助法院在权利人未提交侵权实物情况下进行侵权

判定的新尝试。在侵权比对环节缺少实物产品验证的情况下，法院灵活运用优势证据规则，根据苏州汇川公司公开发表的，能够客观、真实反映被诉产品具体实施方法的材料，从侵权产品内部原理出发，借助跨领域技术调查官合作的方式，系统、全面地进行侵权判定，不仅确保了侵权比对结论的准确性，也大大提高了案件的审理效率。本案裁判为不方便举证实物的大型工业设备使用方法专利的侵权认定提供了值得借鉴的诉讼新思路，彰显了人民法院着力解决"举证难"的决心。

【技术调查官心语】

本案具有以下特点：

一是本案无侵权产品实物。本案中原告仅提交了被告的宣传资料、产品手册和公开发表的论文。由于涉案权利要求为方法权利要求，在进行侵权比对时，需要根据被告相关资料中方案的技术原理进行技术分析。因此，不同于一般案件，笔者要考察的被诉侵权"产品"并不是实物，而是一摞厚厚的文档资料。

二是跨专业领域的技术调查。本案涉案专利涉及"驱动器"技术领域，需要对该领域的底层技术原理进行深入分析方能比对技术特征，这就需要跨领域技术专家沟通合作，对"驱动器"领域案件进行准确把握和理解。

在侵权产品实物难以举证的情况下，与中心技术调查官的跨领域合作，通过对被告资料的深入理解，分析得出不论是从技术问题、技术手段还是技术效果，被告方案均与涉案专利相同，因此被诉侵权产品落入涉案专利的保护范围。

本案给笔者的最大感受是，虽然专利侵权案件中越来越多遇见技术事实查明难度大、跨领域情形多的问题，但国家知识产权局专利局专利审查协作江苏中心的人才资源广、技术领域全，多领域技术调查官通力合作是确保技术意见的公正、准确的有力保障。

六、南通沪望塑料科技发展有限公司诉西安顺通虹吸排水有限公司等侵害发明专利权纠纷案 [（2019）苏 05 知初 214 号]

【案情简介】

原告南通沪望塑料科技发展有限公司（以下简称"沪望公司"）系名称为"一种虹吸式绿化排水槽结构"发明专利权的权利人。被告南通华新建工集团有限公司（以下简称"华新建工集团"）在其承建的工程项目上使用了涉案侵权排水槽及排水系统，前述工程所使用排水系统由被告山东达兴新材料科技有限公司（以下简称"达兴公司"）供货销售。该排水系统中的部件虹吸排水槽由达兴公司向被告西安顺通虹吸排水有限公司（以下简称"顺通公司"）采购所得。沪望公司遂提起本案诉讼，要求顺通公司、达兴公司立即停止生产、销售侵犯专利权产品的行为，并赔偿经济损失 50 万元。

顺通公司辩称，其售给达兴公司的虹吸式排水槽不同于沪望公司的专利技术方案，涉案权利要求的技术特征没有全面覆盖虹吸式排水槽的技术特征，未侵犯沪望公司的专利权。

达兴公司辩称，其销售给华新建工集团的虹吸式排水槽与沪望公司的专利产品不同，不构成对专利权的侵犯。即使构成侵权，因侵权主体是顺通公司，应当由顺通公司承担赔偿责任。

华新建工集团辩称，其与达兴公司之间签订了正式的购买合同，而且达兴公司已开具了相应的增值税专用发票，华新建工集团作为施工单位应该属于善意使用，且在沪望公司取证公证以后即与沪望公司达成了购买协议购买产品进行使用。

法院审理查明：达兴公司与华新建工集团在 2019 年 2 月 15 日签订《虹吸排水系统购销合同》，南通中央创新区中心一期（南通高等研究院）/A-2 工程项目上使用排水系统系由达兴公司供货，交易品名为"PED14 高分子防护排（蓄）水异形片自粘土工布 +HXC 虹吸排水水槽"，数量 21 000m²，单价 58 元 /m²，总金额 1 218 000 元。经过技术比对，顺通公司所销售虹吸排水槽具有除"所述排水槽本体（1）的水平部分管件连接有排水板"之外涉案发明专利权利要求的所有技术特征。该虹吸排水槽利用虹吸原理，和排水板配合从而实现屋顶快速排水。

【法院裁判】

首先，被诉侵权产品为一种虹吸式绿化排水槽结构，技术特征与涉案专利相同，落入发明专利权保护范围。根据《虹吸排水系统购销合同》，达兴公司负责虹吸排水系统的排布及深化设计，达兴公司又自不同渠道分别采购虹吸排水槽与高分子排水片以销售给华新建工集团用于实施发明专利，其行为显然不属于"销售不知道是未经专利权人许可而制造并售出的专利侵权产品"的情形，故依法应承担停止侵权及赔偿损失的侵权责任。就侵权赔偿的计算，可依据达兴公司与华新建工集团间《虹吸排水系统购销合同》交易品种及价款，并考虑适当利润率，计算侵权人因侵权所获得的利益为20万元作为赔偿金额。其次，经比对，顺通公司所销售虹吸排水槽具有除"所述排水槽本体（1）的水平部分管件连接有排水板"之外涉案发明专利权利要求的所有技术特征。该虹吸排水槽利用虹吸原理和排水板配合从而实现屋顶快速排水，系专门用于实施涉案发明专利的主要部件。顺通公司未能就该虹吸排水槽具有实施涉案发明专利技术方案以外实际的有效用途作出说明，故可判断该虹吸排水槽系专门用于实施涉案发明专利的主要部件。

【典型意义】

本案是认定销售专门用于实施涉案发明专利的主要部件可构成帮助侵权的典型案例。在产品零部件客观用途的判定上，技术调查官充分审查文本并运用本领域技术知识，为认定排水槽不具有实施涉案发明专利技术方案以外实际的有效用途提供了有力的技术支撑。本案通过严谨的价值衡量和充分的释法说理，以公正的司法裁判体现出对于侵权产品零容忍的态度，传递出最严格知识产权司法保护的价值导向。本案裁判有助于强化产业链上中下游参与者的知识产权意识，对于加强专利权链条保护，构建全方位的知识产权大保护格局具有积极意义，有助于实现法律效果和社会效果的有机统一。

【技术调查官心语】

案涉发明专利权保护的权利要求 1 的技术方案为:"一种虹吸式绿化排水槽结构,其特征在于:包括排水槽本体(1),所述排水槽本体(1)设有若干加强筋(2),所述排水槽本体(1)两侧间隔设有若干排水口(3),所述排水槽本体(1)侧面和端部分别设有连接卡槽(4),所述排水槽本体(1)侧面还设有排水出口(5),所述排水槽本体(1)顶部设有通气口(6),所述排水槽本体(1)包括凸起的部分管件和水平部分管件,所述排水槽本体(1)的水平部分管件连接有排水板。"经过勘验,笔者提出本案争议焦点为:被诉侵权的虹吸排水槽是否具备"所述排水槽本体(1)的水平部分管件连接有排水板"的特征。

经查,被告顺通公司所涉及的产品一种排水槽结构具有除"所述排水槽本体(1)的水平部分管件连接有排水板"之外的所有特征。

笔者分析认为,屋顶铺设排水板用于屋顶雨水的排出,这在屋顶排水中普遍设置;被告顺通公司所涉及的产品是一种排水槽结构,这种排水槽结构显然是用于快速排出屋顶排水板上的雨水:其具有中空的 U 型排水槽本体,排水槽本体两侧设有多个排水口,侧面还设有排水出口,侧面和端面设有连接件,顶部设有通气口;排水槽结构中侧面和端面的连接件用于多个排水槽结构的相互连接,以形成相互连通的排水管路,排水槽结构中两侧的多个排水口是为了使收集的雨水进入中空的排水槽本体,从侧面的排水出口排出,顶部的通气口是为了排出空气。可见,被告顺通公司所涉及的产品的具体使用过程为:屋顶的排水板收集落下的雨水,进而从排水槽结构快速排出,排水槽结构的作用是为了汇集排水板上收集的雨水,利用虹吸原理快速排出,即排水槽结构的水平部分与排水板连接,排水板收集的雨水从多个排水口进入排水槽本体,利用建筑屋面和地面的高度差产生虹吸作用,屋顶雨水在管道内负压的抽吸作用下以较高的流速排出,排水槽结构各部分结构发挥了其正常的、合理的作用。

被告顺通公司所涉及的排水槽结构除了配合排水板使用实现加速排水外没有其他合理用途,被告顺通公司提出的排水槽结构可以倒置等使用方式完全没有任何依据，排水槽结构上的各部分结构作用也得不到合理的解释。由此得出，被告顺通公司所涉及的排水槽结构是专门用于实施涉案专利一种虹吸式绿化排水槽结构的设备。

笔者在辅助办案时及时更新法律知识，查找典型判例，了解如何从技术上分析什么是专用设备。针对本案，通过充分理解审查文本及运用本领域技术知识，从结构上分析被告顺通公司所涉及的产品排水槽结构的各个部分，只有在与排水板配合使用时排水槽结构各部分结构发挥了其正常的、合理的作用，为认定排水槽不具有实施涉案发明专利技术方案以外实际的有效用途提供了有力的技术支撑，厘清和解决了技术争议焦点，协助法官对产品零部件的客观用途作出准确判定，为案件的公正裁判夯实了技术事实基础。

七、昆山希盟科技股份有限公司诉厦门柯尔自动化设备有限公司、王某等侵害技术秘密纠纷案 [（2020）苏 05 民初 432 号]

【案情简介】

昆山希盟自动化科技有限公司（以下简称"希盟公司"）是集自动化设备研发、设计、生产、销售、安装和服务于一体的电子生产设备领域一站式方案解决商，致力于全面屏侧边涂胶设备和 OLED 补强设备的制造，是国内大尺寸屏幕贴合和车载屏水胶全贴合工艺领域的领先者。近年来，希盟公司投入大量人力和物力研发、设计、制造"液晶面板侧边封胶机"，受到市场广泛欢迎。该设备主要模块的参数、规格、设计方案、检测方法等相关技术诀窍，系希盟公司付出大量研发成本和反复试验所得，希盟公司采取了严格的保密措施。王某原系厦门柯尔自动化设备有限公司（以下简称"柯尔公司"）昆山分公司员工，2018 年 9 月进入希盟公司研发部工作，参与了"液晶面板侧边封胶机"研发设计工作，能够接触到全套设计资料。王某在工作期间与希盟公司签署了保密协议。2019 年 5 月，王某从希盟公司离职后又重新入职柯尔昆山分公司。2020 年初，希盟公司发现柯尔公司昆山分公司、柯尔公司向案外人提供的一台"侧边封胶机"使用了希盟公司的商业秘密,遂提起诉讼,要求三被告立即停止侵犯希盟公司商业秘密的行为并赔偿经济损失及维权费用共计208.8万元。

柯尔公司、柯尔公司昆山分公司辩称,希盟公司主张的商业秘密不符合秘密性要求,不应予以认定。现场勘验的结果也表明被诉侵权产品并未使用希盟公司主张的技术秘密。两被告并未安排王某参与"侧边封胶机"的设计研发工作,更没有利用王某掌握的希盟公司的商业秘密进行产品的设计与制造。

王某辩称,希盟公司并未与其签订竞业限制协议,其也未参与柯尔公司"侧边封胶机"的设计、研发工作。其在希盟公司任职时所在部门使用的是加密软件,个人无法将希盟公司的文件进行发送或者解密。因工作需要打印相关文件,也需要经过主管部门解密才能实施,故不存在窃取和披露希盟公司商业秘密的行为。

法院审理查明:希盟公司本案中主张的技术秘密内容为五个大的秘密点,即侧边封胶机的条形固化灯(秘密点1)、V型固化灯(秘密点2)、不停机供胶系统(秘密点3)、点胶装置(秘密点4)以及平面调试方法(秘密点5),其中秘密点1、2、3又分若干细分秘密点,共计15个秘密点。

另查明,王某与希盟公司签订劳动合同的同时,还签订了《员工专利和保密资料协议》《保密与职务发明协议》,约定了王某作为希盟公司员工应负的保密义务,商业秘密范围包括但不限于技术方案、工程设计、电路设计、产品图纸、设计图、样品、样机、技术数据、技术文档等技术信息,以及客户名单、客户需求、进货渠道、采购资料等经营信息。任职期间,王某参与了希盟公司"液晶面板侧边封胶机"相关研发和生产活动,在其与希盟公司其他员工的内部邮件往来中,涉及与侧边封胶机有关的技术内容。2019年5月10日,王某从希盟公司离职,当月即入职柯尔昆山分公司。

【法院裁判】

希盟公司主张的秘密点1、秘密点2、秘密点3.1、秘密点3.3及秘密点5中,其载体证据能够体现的相关技术信息,应当作为不为公众所知悉的技术秘密予以认定。关于原告主张的秘密点 1～5 的组合，尽管其主张的秘密点中的部分信息为公知信息，但其秘密点对应的部件或技术方法系侧边封胶机的核心部件和核心技术方法，其组合运用是侧边封胶机产品能够实际付诸生产的前提之一，同时其组合运用也需要长期研发和生产应用才能得出。上述所涉技术信息可运用于侧边封胶机产品的生产经营，具有应用价值，能为希盟公司带来竞争优势，而希盟公司也实际通过与员工签订保密协议、对技术资料实施加密保护等方式对其采取了合理的保密措施，故希盟公司主张的与侧边封胶机相关的 15 个技术秘密信息及其组合属于反不正当竞争法所保护的技术秘密。经比对，被诉侵权产品直接体现希盟公司秘密点中的部分技术信息。王某在希盟公司任职期间参与了涉案产品侧边封胶机的研发和生产工作，有机会接触希盟公司的相关技术秘密。在案证据显示，王某在任职期间窃取了希盟公司的技术秘密，并披露给柯尔公司及其昆山分公司使用，三被告构成共同侵权。根据本案侵权情节，判决三被告共同赔偿希盟公司经济损失 40 万元，并对于希盟公司主张的 8.8 万元维权开支予以全额支持。

【典型意义】

本案是多维度化解知识产权维权"举证难"的典型例证。一方面，希盟公司主张保护的技术内容共计 5 大项，15 个细分秘密点，技术秘密"非公知性"的认定极为复杂。法院充分发挥"一基三面"技术调查官苏州模式的制度功效，在技术调查官的专业分析研判下，无须启动鉴定程序，即对本案技术秘密进行了合理认定，极大提高了案件审理效率，为当事人节约了鉴定费用等大量诉讼成本。另一方面，被诉侵权产品已经交付案外人使用，在不影响案外人正常生产经营的情况下难以对被诉侵权设备中的技术特征进行全部固定。对此，法院结合柯尔公司在证据保全时存在隐瞒、毁灭证据嫌疑，依法适用 2019 年《反不正当竞争法》第三十二条规定，对商业秘密侵权的举证责任进行了转移，最终认定侵权行为成立。本案审理极大减轻了希盟公司的举证负担，有力维护了商业秘密权利人的合法权益。

【技术调查官心语】

希盟公司与柯尔公司等侵害技术秘密纠纷案涉及 5 个部分共 15 个秘密点，技术密点多、涉及技术点广，给勘验造成很大的难度。为不影响案外人的正常生产经营，笔者需要在有限的时间内完成勘验工作，可谓时间紧、任务重。

在勘验前笔者同法官详细讨论了每个技术密点的测量方式，制定了详细的勘验方案。在勘验当天，对每一个秘密点涉及的结构进行勘验、测量、记录、拍照等工作，在有限的时间内高效完成了 15 个秘密点的现场勘验工作。

在勘验结束后的技术对比环节，由于案情复杂，需要针对众多秘密点一一核对原告方证据、被告一的抗辩证据、被告二的电脑资料、被控侵权产品，证据极为繁多，大大增加了技术比对难度。期间，笔者做了大量细致的工作，明确原被告双方的技术争议焦点，对 15 个秘密点逐一进行分析，对每一份证据认真核对，对双方争议的技术问题从各个秘密点的技术原理到各个秘密点之间的相关性进行了详细论证，最终形成了详尽的技术咨询意见，为本案的审理快速厘清技术事实。

八、苏州华印达信息科技有限公司诉镇江新天地信息科技有限公司计算机软件开发合同纠纷案 [（2019）苏 05 知初 1220 号]

【案情简介】

苏州华印达信息科技有限公司（以下简称"华印达公司"）与镇江新天地信息科技有限公司（以下简称"新天地公司"）于 2019 年 9 月 10 日签订软件委托开发合同，约定华印达公司委托新天地公司为其开发"华印达纸箱 ERP 企业管理系统"软件，新天地公司负责完成应用软件的设计开发、移交、培训及相关其他服务工作。涉案合同签订后，双方均有一定履行。试运行阶段，双方就软件运行中产生的问题产生争议并引发本案诉讼。华印达公司起诉请求解除其与新天地公司签订的软件委托开发合同及附件软件需求和开发设计、软件项目验收标准，新天地公司返还其已支付款项25万元并支付违约金19 950元。

新天地公司辩称，其开发的软件已初验合格并完成交付，而华印达公司一直拒绝出具终验合格书和支付后续款项，实际是华印达公司构成违约，华印达公司应向新天地公司支付剩余合同款项；华印达公司所述试运行期间的问题多是华印达公司新增或变更开发需求所致，若法院判定华印达公司所提问题确属合同内需求，新天地公司亦愿意继续完成后续开发。新天地公司同时向法院提出反诉，请求判令华印达公司赔偿新天地公司损失32万元。

法院经审理查明，双方间争议具体表现为：华印达公司主张对照涉案合同附件软件需求和开发计划，新天地公司未完成合同内的需求共94项；新天地公司提出，其在初验及试运行阶段还完成了华印达公司所要求的合同外需求32项。

【法院裁判】

华印达公司主张新天地公司共有94项合同内需求未能完成并据此诉请解除合同及返还合同款项，但根据涉案合同及其所附软件需求和开发设计可知，华印达公司所提的94项需求中只有16项需求可以纳入新天地公司依约应完成的合同内需求范畴，其余78项需求皆为合同外需求。由此可见，华印达公司所谓该94项需求皆为合同内需求并不完全与涉案合同约定相符。在双方已完成软件初验并进入试运行环节的情形下，华印达公司提出前述诸多问题进而引发双方就合同的后续履行产生重大争议，华印达公司就当前的合同履行受阻亦负有责任。梳理双方围绕涉案软件开发进行的签约、解除及再次签订涉案合同的历程可知，双方就软件开发一直存在诸多争议，而软件开发有赖于双方的高度配合和有效沟通，涉案合同的后续履行实际上困难重重。基于华印达公司诉请解除并明确陈述不愿接受合同的继续履行，而新天地公司对合同解除也表示同意，综上，法院判定解除涉案合同符合双方的合意，亦有助于及时地定分止争。

华印达公司所提的返还合同款项并支付违约金的请求，鉴于涉案软件开发已完成初验并进入试运行环节，且新天地公司实际上还完成了较多的合同外的开发需求，而华印达公司就合同履行受阻确也负有责任，在此情形下华印达公司的该项请求依据不足。关于新天地公司的反诉请求。如前所述，华印达公司提出的 94 项需求中亦确有部分属于新天地公司应完成的合同内需求而未能完成，新天地公司就涉案合同的履行受阻亦负有责任。反观双方的履约实际，涉案软件开发处于初验完成并进入试运行环节，而涉案合同就软件开发步骤及相应的款项支付均有明确约定，新天地公司在软件处于试运行阶段即诉请华印达公司支付后续合同款项显然缺乏依据。

【典型意义】

本案系充分利用技术调查官工作机制、破解技术事实查明难题的典型案例。本案的争议焦点也是难点在于对双方当事人主张的共计 126 项功能是否符合合同需求的判定。针对数量如此众多的问题点，在有限审理期限内完成分析认定的难度极大。技术调查官通过初步梳理、庭前听证、再次梳理，及时高效作出技术分析报告，对于上述 126 项功能的完成情况及责任划分情况给出了明确而详细的认定，为法院后续审判工作的开展和及时有效推进提供了关键性的技术辅助。

【技术调查官心语】

本案涉及一种 ERP 企业管理系统软件，审理的难点在于该系统在诉讼阶段已无法演示，软件所涉及功能较多，双方当事人各执一词，均认为合同无法继续履行的责任在于对方，由于案件证据呈现零碎、繁多的特点，故无法快速推进案件审理。

在阅读卷宗、分析双方提交的初步证据后，笔者分两步推进技术调查。第一步，首次梳理，给出初步技术调查结论。第二步，指引双方当事人基于上述初步技术调查结论提交针对性的答复意见和补充证据，据此进行二次梳理，明确上述 126 项中哪些属于已查明的技术事实、哪些需要进一步开展技术调查，将未明确的部分作为后续庭前会议中的调查重点，进行详细的问询，最终对上述 126 项功能项的开发完成与否及是否属于合同内需求给出明晰的划分。

本案为典型的计算机软件开发合同纠纷案，该类型案件的特点通常是争议焦点集中但技术事实查明困难。其中，争议焦点通常集中在开发成果是否交付、交付内容是否符合合同约定及是否延迟履行合同等问题。而通常由于涉案软件再现受限，双方当事人的证据零散而繁多，从而导致技术焦点模糊、技术梳理难度大。本案审理初期，双方当事人对于如何结合各自证据支撑各自观点，缺乏有效的、针对性的技术说明，导致产生大量艰巨、繁杂的技术梳理工作，这极大增加了审判工作的难度。技术调查官作为法官的技术"外脑"，需要站在中立的立场，以严谨的逻辑思维，快速从繁杂的证据中梳理出技术脉络和技术焦点，找准技术调查方向，推进审判进程。

九、新疆行远石油科技有限公司诉无锡太湖锅炉有限公司等侵害实用新型专利权纠纷案 [（2019）苏 05 知初 790 号]

【案情简介】

新疆行远石油科技有限公司（以下简称"行远石油公司"）合法取得第 ZL201020501247.9 号"燃煤流化床高压干蒸汽发生器装置"实用新型专利的独家使用权及相应维权权利。2016 年，行远石油公司与被告一无锡太湖锅炉有限公司（以下简称"太湖锅炉公司"）签订《25t/h 蒸汽发生器供货合同书》，约定由太湖锅炉公司向行远石油公司供货。合同签订后，行远石油公司未依约向太湖锅炉公司提供设备，而是直接供应给了被告二克拉玛依宇信工业科技股份有限公司（以下简称"宇信公司"）用于安装并运营。后两被告共同实施了侵犯行远石油公司涉案专利权的行为。行远石油公司遂诉至苏州中院，要求两被告承担停止侵权、赔偿损失的民事责任。

太湖锅炉公司、宇信公司共同辩称，太湖锅炉公司供货给宇信公司的产品技术特征与涉案专利的技术特征既不相同，也不等同，未落入涉案专利权利要求的保护范围。

本案诉争设备系燃煤流化床高压干蒸汽发生器装置，均安置于克拉玛依市白碱滩区以北新疆油田公司采油第九区内。其中两台锅炉装置均处于运行之中，一台安置工程尚未完成。诉讼中，原被告双方均确认，该公证保全的照片无法进行具体的技术比对。

案件审理过程中，太湖锅炉公司向法院提交了本案被诉三套设备所涉图纸两套，该图纸经"江苏省特种设备安全监督检验研究院特种设备设计文件鉴定专用章"盖章确认，当事人一致同意以该两套图纸所展示的技术特征作为比对依据。

【法院裁判】

经比对两套图纸所展示的技术特征，被诉侵权设备的旋风分离器的出风口、炉膛盘管、汽水分离器、汽液混合器、排烟通道等技术特征方面与行远石油公司的涉案专利不同，被诉侵权的三台设备均缺失低温过度器，一台设备的汽水分离器背包式外形变化，由于缺少了权利要求记载的必要技术特征，被诉侵权设备未落入涉案实用新型专利权的保护范围，依法不构成侵权，并据此判决驳回行远石油公司的诉讼请求。

【典型意义】

本案系技术调查官前置分析勘验可行性进而提高案件审理效率的典型案例。涉案设备位于新疆维吾尔自治区，地理位置较远，且时值冬季，勘验难度大。本案技术调查官通过分析图纸发现，难以通过现场勘验就争议焦点进行事实认定。同时，基于涉案设备属于特种设备，设计图纸均需要经过特检院审核盖章的特殊性，推定被诉侵权设备的结构与设计图纸完全一致，并据此以经特检院盖章设计图纸作为技术比对对象。技术调查官充分利用专利审查经验及化工行业从业经验，在确保查清事实的基础上，节约了司法资源，加快了庭审节奏，大幅缩短了案件审理周期。

【技术调查官心语】

本案系实用新型侵权纠纷案件，涉及一种流化床蒸汽发生器装置。被诉侵权设备位于新疆克拉玛依，由于路途遥远，原告仅仅让克拉玛依当地公证处拍摄了一组设备的照片，然而拍摄距离较远，无法确定设备内部各部分连接关系和结构，因此公证获取的照片无法用于侵权比对。在质证环节，双方当事人基于被诉侵权设备的设计草图与涉案专利进行比对，主要的争议焦点在于，涉案专利中包括结构相同的过热器与低温过度器；而被诉侵权设备的设计草图显示，只有过热器，没有低温过度器。

对于上述争议焦点，一般需要通过现场勘验来查明事实，但是经过与会议庭的深入讨论发现，本案存在一定的特殊性。首先，低温过度器位于蒸汽发生器内部，必须在停车状态下打开人孔才能勘验；其次，即便符合了勘验条件，由于可供勘验的人孔位置与低温过度器距离较远，如果蒸汽发生器内存在与过热器分开设置的低温过度器，从人孔位置观察也难以确认是否存在低温过度器。因此，即便去现场勘验也未必能查明事实。

凭借多年相关领域的专利审查经验，笔者认为蒸汽发生器属于压力容器，而压力容器属于特种设备，监管严格，设计图纸均需要经过特种设备安全监督检验研究院的审核盖章，因此，可以依据设计图纸来推定被诉侵权装置的结构一致。基于被诉侵权装置的上述特殊性，与合议庭讨论后向双方当事人提出，以经特种设备安全监督检验研究院盖章的被诉侵权装置设计图纸与涉案专利进行技术比对。双方当事人也认为通过现场勘验难以就争议焦点进行事实认定，同意采纳笔者的意见，后续顺利地完成质证阶段的技术比对。以问题为导向，打破定式思维，笔者认为也是技术调查官们解决困难的好方法。

十、四川麦克威科技有限公司诉靖江市喜盈门制造有限公司、江苏沙钢集团有限公司等侵害发明专利权纠纷 [（2020）苏 05 民初 804 号]

【案情简介】

四川麦克威科技有限公司（以下简称"麦克威公司"）系名称为"并列风道式自然通风器"发明专利权的权利人。麦克威公司诉称，靖江市喜盈门制造有限公司（以下简称"喜盈门公司"）生产、制造、销售给江苏沙钢集团有限公司（以下简称"沙钢公司"）的厂房屋顶通风器产品侵犯麦克威公司的专利权，要求两被告应承担停止侵权、赔偿损失的民事责任。

【法院裁判】

本案被诉侵权产品为安装在数十米高的厂房屋顶上的通风器产品，为进行侵权判定需要进行高空勘验。勘验之前，技术调查官通过先行技术研判，分析被诉侵权产品与涉案专利在一个部件结构上存在重大区别，并辅助法院与麦克威公司进行了有效技术沟通，最终麦克威公司主动撤回起诉。

【典型意义】

本案系技术调查官利用技术知识促进纠纷实质性化解的典型案例。本案对被诉侵权产品进行高空勘验需要花费大量的时间和金钱成本，且危险系数极高，不仅需要登高设备，由具备登高资格证的人员进行现场登高操作，而且相应的安全保障方案需向当地安全生产监督管理局报备，严格按照相应方案开展勘验工作。在勘验之前，技术调查官通过先行技术研判，及时出具不侵权的技术意见，并通过准确的技术"翻译"辅助法院与原告方技术人员进行有效沟通和充分释明，最终获得了原告的认可并主动撤回起诉。本案不仅避免了不必要的高难度勘验，节约了司法资源，更实现了纠纷的快速、妥善化解，提升了司法效能。

【技术调查官心语】

涉案的"并列风道式自然通风器"是一种使用在大型厂房或仓库屋顶的自然通风系统，案件难点在于现场高空勘验的实施。勘验前，我们仔细阅读卷宗、梳理证据，发现原告提交的被诉侵权产品照片虽然不能清晰直观显示产品的部分结构细节，但其骨架的设置与涉案专利限定的特征存在明显不同，通过先行技术研判及时作出了不等同的技术意见，明确了高空勘验的非必要性，找到了案件由繁至简的突破口。案件审理中，将专利抽象的文字和产品的结构形象转换为具象化表征，通过精准的技术语言促成法官与原告技术人员间的高效沟通，促进了纠纷的化解。我们认为技术调查官对技术事实的准确归纳和对技术术语的恰当转换是发挥好技术"智囊团"作用的必要能力。

（2019）苏05知初1122号案件技术咨询意见

一、案件简介

该案涉及发明专利侵权纠纷，原告认为被告产品侵犯了其发明名称为"排水板成型机"（专利号为ZL201110375874.1）的发明专利权，具体涉及权利要求1，其内容如下：

一种排水板成型机，包括机架（1）、滚筒驱动电机（2）、左右两端滚动支撑在机架上的主滚筒组件（3）和副滚筒组件（4）；主滚筒组件（3）包括主滚筒（3.1）、与主滚筒（3.1）左右两端固定相连的圆环形端板（3.5）、设于主滚筒（3.1）外侧面上的冲压粒子（3.2）阵列、用于把冲压粒子（3.2）固定在主滚筒（3.1）外侧面上的冲压粒子固定螺杆（3.3）；副滚筒组件（4）包括副滚筒（4.1）、副滚筒（4.1）的外侧面上设有与冲压粒子（3.2）配合工作的冲压凹腔阵列，其特征是：设于主滚筒（3.1）上的与冲压粒子固定螺杆（3.3）适配的固定螺杆连接螺孔与主滚筒（3.1）的内侧面相通，主滚筒（3.1）的内侧面设有若干走向与主滚筒（3.1）轴向相同的抽真空抽气通道（3.4），每个抽真空抽气通道（3.4）与相应的一列固定螺杆连接螺孔相通，抽真空抽气通道（3.4）的左端为封闭端，抽真空抽气通道（3.4）的右端与主滚筒（3.1）右端的圆环形端板（3.5）固连，相应的主滚筒（3.1）右端的圆环形端板（3.5）上布设有分别与对应位置的抽真空抽气通道（3.4）相通的若干通气孔（3.5.1）；冲压粒子（3.2）与主滚筒（3.1）外侧面相连的底面上设有一个与冲压粒子（3.2）同轴的圆锥形或圆柱形的匀气凹腔（3.2.1）及至少一条与匀气凹腔（3.2.1）相通的径向抽气凹槽（3.2.2）；冲压粒子固定螺杆（3.3）上设有导通匀气凹腔

（3.2.1）和抽真空抽气通道（3.4）的导气结构；主滚筒（3.1）右端的圆环形端板（3.5）右侧设有抽真空结构（5），所述抽真空结构（5）包括与主滚筒（3.1）右端的圆环形端板（3.5）右侧面滑动密封的密封滑块（5.1）、用于使密封滑块（5.1）保持在固定位置且与圆环形端板（3.5）紧密贴合的滑块定位压紧结构和真空泵；密封滑块（5.1）的左侧面设有抽气扇环槽（5.1.1），密封滑块（5.1）的右侧面设有与抽气扇环槽（5.1.1）相通的抽气孔（5.1.2），抽气孔（5.1.2）和真空泵之间设有连通管路（5.3），抽气扇环槽（5.1.1）的中心圆与主滚筒（3.1）右端的圆环形端板（3.5）上的通气孔（3.5.1）圆心的轨迹圆圆心同心，抽气扇环槽（5.1.1）前端的过渡半圆圆心固定位于主滚筒（3.1）的轴线和副滚筒（4.1）的轴线所确定的平面和通气孔（3.5.1）圆心轨迹线的相交点上，抽气扇环槽（5.1.1）后端的过渡半圆圆心相对于前端过渡半圆圆心转过的圆心角至少等于主滚筒（3.1）上相邻两个通气孔（3.5.1）的圆心分别与它们的轨迹圆中心相连所成的夹角。

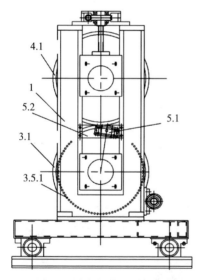

图1 排水板成型机侧视图
1.机架；3.1.主滚筒；3.5.1.通气孔；
4.1.副滚筒；5.1.密封滑块；5.2.弹簧座

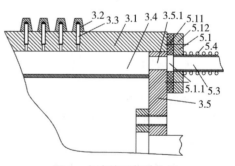

图2 主滚筒局部放大图
3.1.主滚筒；3.2.冲压粒子；3.3.冲压粒子固定螺杆；3.4.抽气通道；3.5.圆环形端板；3.5.1.通气孔；5.1.密封滑块；5.1.1.抽气扇环槽；5.11.密封滑块主体；5.12.密封滑块压板；5.3.连通管路；5.4.压紧弹簧

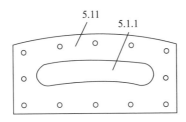

图 3　抽气扇环槽示意图
5.1.1. 抽气扇环槽；5.11. 密封滑块主体

二、技术问题

1. 被诉侵权产品是否具备"冲压粒子""冲压粒子固定螺杆"及"真空泵"，以及"冲压粒子"是否具备"匀气凹腔""抽气凹槽"；

2. 被诉侵权产品的"抽气孔和真空泵之间是否设有连通管路"；

3. 被诉侵权产品是否具备"真空抽气通道""抽气扇环槽"。

三、技术意见

（一）被诉侵权产品是否具备"冲压粒子""冲压粒子固定螺杆"及"真空泵"，以及"冲压粒子"是否具备"匀气凹腔""抽气凹槽"

1. 关于被诉侵权产权是否具备"冲压粒子""冲压粒子固定螺杆"及"真空泵"

原告认为，被告在第一次向法院提交的书面答辩状中及第一次质证庭上均未否定"冲压粒子""冲压粒子固定螺杆"及"真空泵"这三个特征，并明确地提出了上述特征与涉案专利的区别点，从而构成自认。

被告认为，其排水板成型机没有冲压粒子及与其相关的具体特征，也没有真空泵。

根据证据保全所拍摄的照片无法直接确认该被诉侵权产品是否具备"冲压粒子""冲压粒子固定螺杆"及"真空泵"等三个特征，这一点原被告双方均予以确认。但根据双方所提供的证据,双方在听证过程中的发言及双方所提供的答辩意见可知,首先,从被告公司网站可以看出,被告的经营范围包括"排水板设备系列"。从其网站上所附的"排水板设备"的整体图中可以看出,被告所生产的排水板设备至少包括带有"冲压粒子"的滚筒。并且,从网站上所展示的产品细节图中也可以看到,该产品的主、副滚筒上分别设置有"冲压粒子"和与冲压粒子一一对应的冲压凹腔。而根据证据保全所拍摄的照片可以看到,该被保全产品主滚筒的表面设有与副滚筒表面冲压凹腔一一对应的、用于安装冲压粒子的安装孔。

其次,被告在 2019 年 11 月 21 日提交法庭的答辩意见中针对"冲压粒子"和"冲压粒子固定螺杆"作出过如下表述:"但本公司的产品其冲压粒子……并不平行""但本公司的冲压粒子与冲压粒子固定螺杆之间没有点固结构"。同时,被告在 2019 年 12 月 17 日进行的听证中有如下陈述:"这个东西它本身特别简单,就是一个巨大的铁架子,然后是上下两个滚筒……,一个是凹的……然后外加一个抽真空的一个设备。"由此可见,被告已经自认,其生产的排水板设备包括一个"凸"的滚筒,一个"凹"的滚筒及抽真空设备,且被告的产品具有"冲压粒子"和"冲压粒子固定螺杆"。

最后,基于本领域技术人员的技术常识,对于排水板成型机而言,一个设置有冲压凹腔的滚筒与另一个设置有冲压粒子的滚筒相互配合,该凹腔与粒子可以一一对应地相互压合,是实现排水板成型功能所必需的基本结构,很难想象排水板制造商在购买成型机时会选购一台缺乏基本成型结构、无法成型排水板的成型机。此外,本领域技术人员可知,真空泵是排水板成型机的组成部分之一,单独销售不包括真空泵的排水板成型机不符合本领域的通常交付惯例。因此,综合以上分析,鉴于被告已将保全的被诉侵权产品灭失,在无相反证据的情况下,认定被诉侵权产品具有"冲压粒子""冲压粒子固定螺杆"和"真空泵"等三个特征并无不妥。

2. 关于被诉侵权产权中"冲压粒子"是否具备"匀气凹腔""抽气凹槽"等特征

经查，可以确认：一方面，被告在 2019 年 11 月 21 日第一次提交的答辩意见中有如下陈述："冲压粒子侧面的凸台凹槽与冲压粒子轴线并不平行，而是贯穿冲压粒子的整个侧面""但本公司的产品，其底部匀气凹腔为圆柱形"，可见，被告已经自认，其产品的冲压粒子内部设有匀气凹腔结构，冲压粒子表面具有凸台凹槽结构。另一方面，从被告公司网站也可以看出，冲压粒子的表面设置有贯穿粒子整个侧面的径向凹槽。结合本领域技术人员的技术常识可知，该凹槽与被告在答辩意见中所称的"凸台凹槽"属于同一结构，即为涉案专利权利要求 1 中的"凸台凹槽"。因此，被诉侵权产品的"冲压粒子"具备"匀气凹腔""凸台凹槽"。

（二）被诉侵权产品的"抽气孔和真空泵之间是否设有连通管路"

原告认为，由证据保全照片可以看到有管道从抽气孔中伸出，该管道即构成抽气孔和真空泵之间的连通管路。

被告认为，证据保全照片中不能看到连通管道，连通管道应该是一个弯曲的、有部分垂直向下的管道，保全照片中没有这样的结构。

一方面，权利要求 1 中并未限定"连通管路"是"弯曲的，有部分垂直向下的管道"；另一方面，由证据保全照片可知，设置于被诉侵权产品的主滚筒的一侧端面的调节机构中间设有一孔，从该孔内由向外延伸设置有一个管道，该管道大致对应主滚筒该侧端面上位于最顶部位置的抽气孔。

结合本领域的技术常识可知，主滚筒侧端面的抽气孔与外部真空源之间必然需要借助管道才能形成气体通路，因而基于上述证据保全照片，本领域技术人员可以确定，照片中的管道就是用于在主滚筒该侧端面上均匀分布的抽气孔与真空泵之间形成抽气通路的"连通管路"。

综上，本领域技术人员可以确定，被诉侵权产品具备"抽气孔和真空泵之间设有连通管路"这一特征。

（三）被诉侵权产品是否具备"真空抽气通道""抽气扇环槽"

原告认为，"真空抽气通道""抽气扇环槽"及与之相关的特征均位于产品内部，证据保全时并没有拍摄到，但被告在第一次答辩意见中已经自认被诉侵权产品具有抽气扇环槽。同时，鉴于被告将证据保全产品灭失导致无法进一步对被诉侵权产品进行内部结构勘验，请求法庭支持原告诉请。

被告认为，被诉侵权产品中没有权利要求1中所述的"真空抽气通道"。同时，权利要求1中所记载的"抽气扇环槽"处于一种非常精准的状态，而被诉侵权产品具有调节槽，说明被诉侵权产品抽气扇环槽是可左右调节的，从而与被诉侵权产品并不相同。另外，被诉侵权产品的抽气扇环槽轴线与两个滚筒轴线平面重合，与权利要求1中"抽气扇环槽轴线与两个滚筒轴线平面存在一定夹角"的设置方式并不相同。

（1）关于被诉侵权产品是否具备"真空抽气通道"

虽然证据保全照片均未示出滚筒的内部结构，但本领域技术人员可知，排水板成型机在工作过程中，为了使被滚压的片材更紧密地贴覆于冲压粒子上，必然会在滚筒内部设置与冲压粒子内部连通的真空抽气通道。而根据证据保全照片可以看出，主滚筒的侧端圆环形端板上设置有多个沿周向均匀分布的通气孔，且每一个气孔分别对应于设置在主滚筒的表面的沿轴向分布的一列安装孔。另外，从证据保全照片可以看出，主滚筒的另一侧端面并未开设通孔，而是将滚筒内侧与外界封闭隔开。因此，鉴于被告已将证据保全的被诉侵权产品灭失，在无相反证据的情况下，本领域技术人员基于排水板滚压成型的基本原理和排水板主滚筒结构的技术常识，认定被诉侵权产品具备"主滚筒（3.1）的内侧面设有若干走向与主滚筒（3.1）轴向相同的抽真空抽气通道（3.4），每个抽真空抽气通道（3.4）与相应的一列固定螺杆连接螺孔相通""抽真空抽气通道（3.4）的左端为封闭端，抽真空抽气通道（3.4）的右端与主滚筒（3.1）右端的圆环形端板（3.5）固连，相应的主滚筒（3.1）右端的圆环形端板（3.5）上布设有分别与对应位置的抽真空抽气通道（3.4）相通的若干通气孔（3.5.1）"并无不妥。

（2）关于被诉侵权产品是否具备"抽气扇环槽"

一方面，涉案专利权利要求 1 中并没有限定抽气扇环槽是否可以调节，被告所述"被诉侵权产品的抽气扇环槽是可调节的"，仅是权利要求 1 限定的抽气扇环槽的一种形态，并不导致与权利要求 1 中的抽气扇环槽不同。

另一方面，鉴于被告已将证据保全的被诉侵权产品灭失，无法针对抽气扇环槽展开具体比对，但即使被告提出的被诉侵权产品"抽气扇环槽轴线位于两个滚筒轴线的平面内"的设置方式属实，与涉案专利权利要求 1 所记载的"抽气扇环槽（5.1.1）的中心圆与主滚筒（3.1）右端的圆环形端板（3.5）上的通气孔（3.5.1）圆心的轨迹圆圆心同心，抽气扇环槽（5.1.1）前端的过渡半圆圆心固定位于主滚筒（3.1）的轴线和副滚筒（4.1）的轴线所确定的平面和通气孔（3.5.1）圆心轨迹线的相交点上，抽气扇环槽（5.1.1）后端的过渡半圆圆心相对于前端过渡半圆圆心转过的圆心角至少等于主滚筒（3.1）上相邻两个通气孔（3.5.1）的圆心分别与它们的轨迹圆中心相连所成的夹角"，即"抽气扇环槽轴线与两个滚筒轴线平面存在一定夹角"的设置方式存在些许差异。但是，本领域技术人员知晓，抽气扇环槽所起的作用是确保主滚筒转动过程中建立抽气通道的同时尽量保持抽气扇环槽内真空环境的稳定。如图 4 所示，当通气孔采用设置方式一排布时，将抽气扇环槽轴线与滚筒轴线平面形成夹角（即涉案专利所采用方式）可以保证滚筒转动过程中相邻抽气孔的无缝衔接，从而确保真空环境的稳定；当通气孔采用设置方式二排布时，显然将抽气扇环槽轴线与滚筒轴线平面重合（即被告所述其所采用的方式），有利于确保真空环境的稳定。

由此可见，无论抽气扇环槽轴线与滚筒轴线平面是否重合均不会对抽气扇环槽稳定真空环境的功能产生实质影响。对本领域技术人员而言，只需根据通气孔的数量及其排布方式来合理选择抽气扇环槽轴线与滚筒轴线平面的设置方式，无须付出创造性劳动。因此，被告所述的"被诉侵权产品的抽气扇环槽轴线与两个滚筒轴线平面重合"与涉案专利权利要求 1 中记载的上述抽气扇环槽设置方式相比，属于以基本相同的手段，实现基本相同的功能，达到基本相同的效果，且本领域技术人员无须付出创造性劳动即可得到技术特征,即二者构成等同特征。

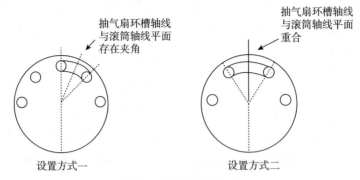

图 4 通气孔设置方式

综上,本领域技术人员可以确定,被诉侵权产品具备"真空抽气通道""抽气扇环槽"。

（2020）苏 05 民初 541 号案件技术咨询意见

一、案件简介

该案为一起计算机软件开发合同纠纷案件，原告某医疗科技有限公司委托被告某信息技术服务有限公司开发一款健康管理类 App，双方于 2019 年 12 月 2 日签订《App 开发委托合同》，后双方因交付内容是否符合合同约定及双方是否存在合同义务履行延迟而导致合同目的无法实现等问题发生纠纷。

二、技术问题

该案共有 3 个技术争议焦点问题：

1. 对照合同附件《健康 2030V1.0 功能清单》，原告提交的《App 修改 20200320》清单中所涉及的需求项如何认定；

2. 原告提供的"餐饮系统接口文档"在合同履行过程中是否经过实质性修改；

3. 计步功能的开发责任如何认定。

三、技术意见

经过庭前听证、当庭针对涉案软件相关功能进行勘验等环节，并结合原被告双方提交的证据和庭审陈述，对上述 3 个焦点问题作出的技术事实认定如下。

（一）对照合同附件《健康 2030V1.0 功能清单》，原告提交的《App 修改 20200320》清单中所涉及的需求如何认定

经梳理，可将原告证据中提出的"被告未完成的合同内需求"划分为 50 项，具体明细如下。

（1）注册及登录 [会员注册页面]：去除微信（不需微信账号），增加出生年月，保留性别、身高、体重栏位。

（2）注册及登录：可以用验证码登录。

（3）首页—定位：在健康餐厅附近 200 米会显示对应餐厅名称，超过范围不显示任何文字。

（4）首页：去除头像，将扫一扫图标设置加大 1.5 倍尺寸。

（5）首页：隐藏搜索功能（暂时无搜索需求）。

（6）首页：将"总排名"改成"全网排名"，"区排名"改成"站内排名"。

（7）每日运动："区排名"改成"站内排名"。

（8）每日运动 [步步夺币]：显示错了，必需调用步步夺币规则。

（9）每日运动：步步夺币更换图标。

（10）健康餐厅 [页面]：最上方应显示用户头像和昵称，并显示今日就餐餐厅名称，下方再显示"今日餐饮"。

（11）健康餐厅 [用餐明细] 的内容改成：菜品名称、单价（元）、重量（g）、金额（元），并加总重量、金额。

（12）健康餐厅：同一时间段（午餐）会有一号多餐盘的情况，故用餐明细只显示多笔餐盘号的时间，供用户点开后才显示明细。

（13）健康餐厅 [餐饮摄入分析]：将"餐饮摄入分析"位置放在用餐明细数据下方。

（14）健康餐厅 [餐饮摄入分析]："标准"改成"参考值"，"本周"改成"本周平均"。

（15）健康餐厅 [餐饮摄入分析]：最下方删去"每日建议摄入量饮食

参照《中国居民膳食指南》"字眼。

（16）健康餐厅 [餐饮摄入分析]：增加"热量、蛋白质、脂肪"，碳水化合物只显示摄入多少克，不显示标准值与"%"。

（17）健康餐厅："饮食趋势"改成"热量摄入趋势"。

（18）健康餐厅："饮食趋势"放入"餐饮摄入分析"下方，只显示摄入量分析趋势图即可，删除消耗热量分析。

（19）健康餐厅 [新增餐饮记录]：新位置改变。

（20）健康餐厅 [新增餐饮记录]：自动产生一个空白行让用户输入，不要每次都按"添加一行"。

（21）健康餐厅 [新增餐饮记录]：用户只要输入"份数"，重量栏位隐藏。

（22）健康档案：二维码图标放大 1.5 倍，与首页扫一扫一样。

（23）健康档案：增加健康币说明。

（24）健康档案：将"体重"项目统一换成 BMI 的统计并以趋势图呈现。

（25）健康档案：所有"脉搏、脉率"改成"心率"。

（26）健康档案 [血压趋势图]：①按日（24 小时）、周（近七天）、月（近 30 天）三个选项显示；②显示收缩压、舒张压、心率共计三条曲线。

（27）健康档案 [血糖趋势图]：①按日（24 小时）、周（近七天）、月（近 30 天）三个选项显示；②所有点都以线连上，以时间为 X 轴。

（28）健康档案 [BMI 趋势图]：①按日（24 小时）、周（近七天）、月（近 30 天）三个选项显示；②只显示一条曲线，以时间为 X 轴。

（29）健康档案 [体温趋势图]：①按日（24 小时）、周（近七天）、月（近 30 天）三个选项显示；②只显示一条曲线，以时间为 X 轴。

（30）健康档案 [用药新增]：①药品名称：通过输入关键字可快速找到填写的药物名称供快速选择，若没有，就用户手动输入；②规格：选好药品名称，则自动跳出对应规格，若数据库没有，可以手工输入；③用量：数量通过上下切换选择数量；④药品单位：提供粒、片、包、ml、瓶五种供选择（增加了两种）提醒时间餐前餐后；⑤用药区间：提供 2 组复选菜单；⑥用药周期：提供日历选择用药开始时间—结束时间；⑦系统需自动计算，按时间定时提醒用户用药。

（31）我的：将"我的健康趋势"排版到趋势图上方。

（32）我的[我的家庭成员]：若有新增过的关联人，点击列表可以直接切换账号并自动登录。

（33）我的：手机号要可以更换。

（34）我的[我的健康币获取规则]：此处应显示整个 App 对应奖励机制。

（35）健康餐厅：在餐饮摄入分析最下方添加饮食评估，即按照菜的名字和重量来统计每个菜吃了多少重量，这样就能一目了然地看出来用户的饮食习惯。根据上面这个统计，可以再按照禽畜类这种分类方法再做一个统计，这样就能科学地提示和分析用户的饮食情况，从而给出科学的建议。

（36）健康档案：将原本摄入与消耗，还有异常体征，三个趋势图按顺序换成营养指数、运动指数、健康（体检）指数，通过这三个指数的走势来体现健康趋势。呈现方式：会以每天得分的方式（满分 100 分，营养指数会出现负值）。①营养指数：个人健康饮食排名—科学饮食标准（按得分显示，并考虑有负值）；②运动指数：根据运动排名计算方式来统计得分；③健康指数：另见附件，并求加权平均。

（37）健康档案：点击查看更多，跳出弹框，可以看到每个项目（具体为血压、血糖、BMI、血脂、尿酸、糖化血红蛋白）近半年所有明细。

（38）我的：个人资料要可以更换头像。

（39）健康档案[我的健康记录]：①只显示最末次数据：血压（含收缩压、舒张压、心率三个指标），血糖（显示各区分时间段最末次数据），体重；②针对这些项目若有异常值显示红色，其余都是黑色（异常指标显示的红色与趋势图项目中颜色注意区分）；③各项目单位要标清楚，血压：mmHg；血糖：mmol/L。

（40）注册及登录：可以记录账密，免密进入。

（41）健康餐厅[新增餐饮记录]："默认当天"要显示具体的当天日期，

同时提供日历供用户手动快速更改选择。

（42）健康餐厅 [新增餐饮记录]：餐别提供早、中、晚、其他（四种）供选择（下拉选单）。

（43）健康餐厅 [新增餐饮记录]：选择数量：提供 1 ～ 10 份供下拉选择。

（44）健康档案：录入健康数据时要可以改日期。

（45）每日运动—步数：离网时必须按规则保留记录，App 联网时上传。

（46）健康档案 [列表显示记录]：请按原先设计描述一致，要求指标值异常值显示红色，其余都是黑色。列表默认显示最近七笔资料：①血压心率（日期、时间、收缩压、舒张压、心率）；②血糖：日期、时间、血糖；③ BMI：日期、时间，BMI；④体温：日期、时间、体温（新增）；⑤血脂：日期、时间，甘油三酯、总胆固醇、高密度脂蛋白、低密度脂蛋白；⑥尿酸：日期、时间，尿酸；⑦糖化血红蛋白：日期、时间，糖化血红蛋白。

（47）健康档案 [用药管理]：列表中需显示用药日期，药品名称、规格，单位，数量，吃过就打钩，并弹框确认，参考《用药管理》界面。

（48）健康档案 [健康报告]：①新增报告时，用户要可以填写报告名称，列表时显示报告名称；②新增时，需让用户可以选择多张图片（最多九张）一次性上传。

（49）健康档案 [用药管理]：无法新增，该处主要实现记录用药信息，提醒用药。

（50）我的：加入出生年月、手机号。

对于上述 50 个需求项，原告认为被告均未开发完成。而被告认为：功能（1）～（37）已开发完成；功能（38）、（40）～（44）、（46）～（50）属于错误需要修改，并且在 2020 年 4 月 1 日提交给原告的更新版本中已修改上述错误；功能（39）（45）属于新增需求。

对此，技术调查官以双方于 2019 年 12 月 2 日签订的《App 开发委托合同》及其附件《健康 2030V1.0 功能清单》为依据，同时，结合原告证据 6《App 修改 20200320》、被告证据 3、被告补充证据"健康 2030App 项目交流群（8）"的聊天记录、被告提供的 App 录屏视频及双方的庭审陈述，对上述 50 个需求项归属认定如下：

（1）功能（1）～（37）、（39）属于合同约定外的需求项。

①功能（1）～（37）：合同附件《健康 2030V1.0 功能清单》中并没有对所涉及的需求细节进行如原告在《App 修改 20200320》所记载的约定，故其属于合同约定外的需求项。此外，根据被告提供的录屏 App 视频所展示的信息，功能（4）～（7）、（10）～（19）、（24）～（29）、（35）～（36）被告并未被开发完成，无证据证明功能（1）～（3）、（8）～（9）、（20）～（23）、（30）～（34）、（37）已开发完成。

②功能（39）：合同附件《健康 2030V1.0 功能清单》对该功能的原始约定——健康档案[健康信息]：显示健康信息明细：血压、心律、血糖（空腹/饭后，血糖值）、体重、血脂、尿酸、糖化血红蛋白、日期时间、数值（最近 7 笔），偏高红字，偏低蓝字，正常黑字。由此可见，原始功能清单中并没有约定只显示最末次数据，异常的颜色根据高低不同分为两种，且没有约定异常指标显示的红色与趋势图项目中的颜色进行区分。因此，上述功能所对应的需求属于合同约定外的需求项。

（2）功能（38）、（40）～（44）、（46）～（50）：被告在庭审中将其认定为系统错误，即默认其属于合同内未完成的部分。

（3）功能（45）中，对于计步功能而言，离线缓存是保障计步功能正常运行的基本功能需求，故其不属于新增需求，属于合同内需求。

（二）原告提供的"餐饮系统接口文档"在合同履行过程中是否修改过

对于该问题，原告认为其于 2019 年 12 月 6 日就提交了符合标准的应用程序编程接口（API），后续虽然根据客户的一些新的需求或一些笔误对 API 进行了修改，但并不会影响被告软件的开发。被告则认为，根据合同约定，完整 API 程序需在签订合同后 7 天内交付于被告，而原告直至 2020 年 2 月 11 日才提交给被告最终的 API 程序表。

对此，技术调查官以双方于 2019 年 12 月 2 日签订的《App 开发委托合同》为依据，同时，结合被告提供的证据 3 的《餐饮系统接口文档》及补充证据"健康 2030App 项目交流群（8）"可以得出以下认定：

（1）原告并未按照合同约定在合同签订 7 个工作内向被告提供完整的API；

（2）2019 年 12 月 4 日起，截至 2020 年 2 月 11 日，原告对《餐饮系统接口文档》至少经历了如下变更，并非原告所述的"后续根据客户的一些新增需求或一些笔误对 API 进行了修改"，变更明细如下：

① 2019 年 12 月 4 日：提交原始接口文档；

② 2019 年 12 月 6 日：1.1 ～ 1.5 的接口都可以使用，目前 1.18[每日计步]、1.19、1.24、1.25、1.26 未完成，其余都可以测试使用（被告补充证据 P9）；

③ 2019 年 12 月 10 日：新增 1.22：[用药记录]（被告补充证据 P15）；

④ 2019 年 12 月 11 日：1.1 新增身份证、微信号；新增家族史数组 1.29、疾病史诊例 1.30、饮食习惯 1.28（被告补充证据 P20）；

⑤ 2019 年 12 月 12 日：调整 1.19 出入参格式，新增 1.31；新增关于分页的接口，并提出明天给小贴士和奖励规则（被告补充证据 P27、29、31）；

⑥ 2019 年 12 月 13 日：新增奖励说明 1.32；小贴士 1.33（被告补充证据 P32）；

⑦ 2019 年 12 月 17 日：新增 1.34[取 OR code]（被告补充证据 P38）；

⑧ 2019 年 12 月 17 日：修改 1.27[摄入量计算]；并指出科学饮食排名部分还在调整（被告补充证据 P39）；

⑨ 2019 年 12 月 18 日：调整 1.1、1.15 出参（被告补充证据 P41、42）；

⑩ 2019 年 12 月 23 日：1.13 加一个出参：多加一个消耗量（被告补充证据 P55）；

⑪2019 年 12 月 24 日：新增 1.36[取步数排名]（被告补充证据 P56、57）；

⑫2019 年 12 月 24 日：新增 1.35[搜寻餐厅健康屋]（被告补充证据 P59）；

⑬2019 年 12 月 25 日：新增 1.38[计步时间段]（被告补充证据 P60）；

⑭2019 年 12 月 25 日：1.37 加入科学排名（被告补充证据 P61）；

⑮2019 年 12 月 26 日：1.36 调整出参格式（被告补充证据 P63）；

⑯2020 年 1 月 3 日：调整 1.10 接口；会员新增时多增加一个昵称有用到的接口有 1.9、1.3、1.4（被告补充证据 P70）；

⑰2020 年 2 月 11 日：提交"餐饮 App 接口 20200211.pdf"（被告补充证据 P75）。

由此可见，原告提供的《餐饮系统接口文档》在合同履行过程中历经多次新增接口、接口参数调整等实质性修改。

（三）计步功能的开发责任如何认定

对于该问题，原告认为其自始至终没有修改过 API 中与计步有关的内容；且根据被告提供的证据 4 的第 64、第 65 页，被告在 API 未修改的前提下声称修复了计步问题，可见计步问题的过错在被告。而被告则认为，根据被告提交的补充证据即"健康 2030App 项目交流群（8）"的聊天记录的第 78 页中，原告技术人员 A 某在与被告技术人员 B 某沟通计步问题的过程中指出"好，我大概知道问题了"，这可以理解为 A 某已经知道问题所在，且默认问题出现在原告一方。

对此，技术调查官根据双方于 2019 年 12 月 2 日签订的《App 开发委托合同》、被告提供的证据 3 的《餐饮系统接口文档》、被告补充证据"健康 2030App 项目交流群（8）"的聊天记录及双方的庭审记录，认定如下：

在计步功能中，原告负责：（1）计步功能相关的 API——1.18[每日计步]、1.36[取步数排名]、1.38[计步时间段] 的开发；（2）计步步数的获取；（3）计步步数的分时段累计和返回。被告负责：（1）App 端的用户步数采集；（2）通过 API 传递步数；（3）App 端的步数的展示。

从上述可以看出，计步功能的完整实现，需要双方在技术上互相配合和支持，而仅根据当前双方提供的证据，无法明确计步功能开发失败的责任在哪一方。

（2019）苏05知初984号案件技术咨询意见

一、案情简介

该案涉及实用新型专利侵权纠纷，原告认为被告产品侵害了其发明名称为"布条对折缝纫一体机"（专利号为ZL201720130689.9）的实用新型专利权，并主张以涉案专利权利要求1～5确定专利权的保护范围。其中权利要求1～5记载为：

1.一种布条对折缝纫一体机，包括有机架、机头及旋梭组件；该机架具有一工作台；该机头和旋梭组件彼此上下正对地设置于机架上，该机头位于工作台的上方，该旋梭组件位于工作台的下方，其特征在于：进一步包括有布条对折装置，该布条对折装置设置在机架上，布条对折装置包括有两导轨，该两导轨彼此正对竖向延伸的设置在机架上，两导轨上均设置有供布条导入的导引槽，该布条对折装置进一步包括有一用于夹紧布条的夹紧机构、一用于切断布条的切割机构及一用于布条对折并推出导引槽的推送对折机构；夹紧机构设置在机架上并位于两导轨之间；切割机构横向设置在机架上并位于两导轨的侧旁；推送对折机构横向设置在机架上并位于导引槽的侧旁。

2.根据权利要求1所述的布条对折缝纫一体机，其特征在于：所述两导轨上分别横向贯穿有切割槽和推送槽，该推送槽位于切割槽的下方。

3.根据权利要求2所述的布条对折缝纫一体机，其特征在于：所述切割机构包括有两气缸和两切刀，该两气缸安装在机架上，两切刀彼此正对的设置在导轨的两侧，每一气缸分别带动每一切刀在切割槽中彼此张开或者闭合。

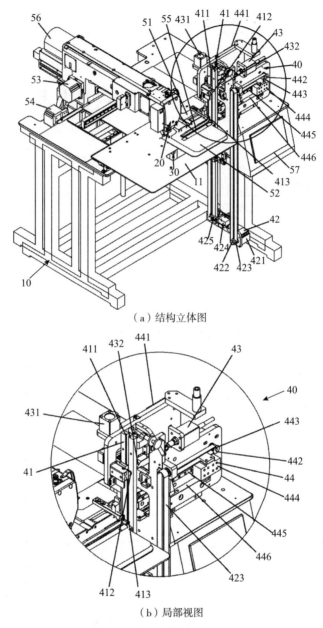

（a）结构立体图

（b）局部视图

图1　布条对折缝纫一体机

10.机架；11.工作台；20.机头；30.旋梭组件；40.布条对折装置；41.导轨；411.导引槽；412.切割槽；413.推送槽；42.夹紧机构；421.电机；422.同步带轮；423.同步带；424.气缸；425.夹块；43.切割机构；431.气缸；432.切刀；44.推送对折机构；441.电机；442.同步带轮；443.同步带；444.滑块；445.滑轨；446.推片；51.活动座；52.活动托架；53.第一驱动机构；54.第二驱动机构；55.导向块；56.第三驱动机构；57.控制装置

4. 根据权利要求 2 所述的布条对折缝纫一体机，其特征在于：所述推送对折机构包括有一电机、两同步带轮、一同步带、一滑块、一滑轨及一推片；该电机安装在机架上，两同步带轮分别设置在电机的输出轴上和机架上，同步带连接两同步带轮上，滑块通过滑轨设置在同步带上并随同步带在滑轨上前后活动，推片设置在滑块上，滑块带动推片在上述推送槽中前后运动。

5. 根据权利要求 1 所述的布条对折缝纫一体机，其特征在于：所述夹紧机构包括有一电机、两同步带轮、一同步带、一气缸及两夹块；该电机安装在机架上，两同步带轮分别安装在电机输出轴上和机架上，同步带连接在两同步带轮上，气缸安装在同步带上并随同步带上下来回活动，两夹块彼此正对的设置在上述两导轨之间，气缸带动两夹块彼此张开或者闭合。

二、技术问题

技术调查官通过现场勘验（见图 2），结合原被告双方的质证意见，厘清该案争议的技术问题如下：

1. 被诉侵权产品是否具备权利要求 1 中"对折机构"的特征；

2. 被诉侵权产品是否具备权利要求 1 中"两导轨"的特征；

3. 被诉侵权产品是否具备权利要求 5 中"夹紧机构"相关的特征。

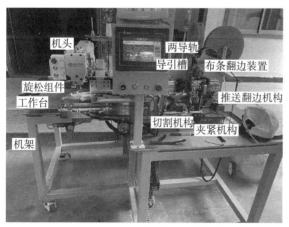

（a）整体结构

（b）局部结构

图 2　被诉侵权产品

三、技术意见

对于上述技术问题，技术调查官结合现场勘验，分析双方的质证意见，并通过检索查询缝纫机领域相关资料，意见如下。

（一）被诉侵权产品是否具备权利要求 1 中"对折机构"的特征

被诉侵权产品为全自动魔术扣工作站，其加工需求为布条在一端进行翻边处理，虽然没有直观体现出翻折的结果为"对半折叠"，但无论是涉案专利中实现"对折"，还是被诉侵权产品中实现"翻边"，所采取的手段均是"布条经两导轨的导引槽导入，再经夹紧机构夹紧下拉，下拉到一定位置时，切割机构将布条切断，最后推片将布条推出导引槽并完成翻折"，即实现翻折功能时被诉侵权产品采用的结构与涉案专利的结构完全相同，只是被诉侵权产品为适应魔术扣的加工而进行了相应参数如夹紧机构行程参数及缝纫机头路径参数的适应性设置，即对于被诉侵权产品而言，本领域的普通技术人员通过调整相关参数如夹紧机构下拉布条的行程长度及缝纫机头的作业路径即可简单实现布条的对折缝纫作业，也即专利中实现"对折"和被诉侵权产品中实现"翻折"所采用的装置结构并无实质性差异，二者翻折程度的不同是由参数设定所决定的，被诉侵权产品本质上亦可实现布条的对折缝纫。

至于推片的长短，涉案专利权利要求中并未具体限定，且推片的长短并不影响翻折作业，只是与翻折后布条的衔接输送有关。因此被诉侵权产品具备涉案专利中关于"对折"的技术特征。

（二）被诉侵权产品是否具备权利要求 1 中"两导轨"的特征

权利要求 1 限定了"两导轨上均设置有供布条导入的导引槽"，且经现场勘验可以看出，被诉侵权产品上具备与涉案专利中的"两导轨"对应的结构，也是形成导引槽供布条穿过，故该结构即对应涉案专利中的"两导轨"，其中供布条穿过的槽对应"导引槽"。因此被诉侵权产品具备涉案专利中关于"两导轨"的技术特征。

（三）被诉侵权产品是否具备权利要求 5 中"夹紧机构"相关的特征

涉案专利权利要求 5 限定的"夹紧机构"的技术特征为"一电机、两同步带轮、一同步带、一气缸及两夹块"，被诉侵权产品具备了以上全部技术特征。至于被诉侵权产品在夹紧机构的气缸上方还具有另外一个气缸（见图 3），即采用了两个气缸，在被诉侵权产品具备涉案专利关于夹紧机构全部技术特征的情况下，被诉侵权产品进一步多出的特征并不影响结论的认定。

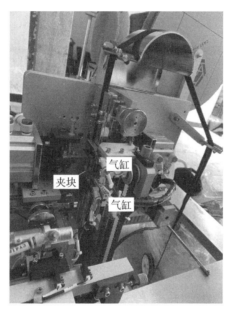

图 3　被诉侵权产品中的夹紧机构

（2021）苏 05 民初 520 号案件技术咨询意见

一、案件简介

该案涉及发明专利侵权纠纷，原告认为被告产品侵害了其发明名称为"一种用于三角立体卷铁心变压器的条形分接开关"（专利号为 ZL 201611245881.9）的发明专利权，并主张以涉案专利权利要求 1 确定专利权的保护范围。其中权利要求 1 记载为：

1. 一种用于三角立体卷铁心变压器的条形分接开关，包括基座（1）、调节机构（2）、第一分接机构（3）、第二分接机构（4）和第三分接机构（5），所述的调节机构（2）安装于基座（1）上，其特征在于：所述的第一分接机构（3）、第二分接机构（4）和第三分接机构（5）分别分布在同一三角形的三个角上，且第一分接机构（3）、第二分接机构（4）和第三分接机构（5）三者中至少两个分接机构的静触头接线方向一致；所述的第一分接机构（3）包括固定于基座（1）上的第一静触头组件（31）和安装于第一静触头组件（31）上并与调节机构（2）传动连接的第一动触头组件（32），所述的第二分接机构（4）包括固定于基座（1）上的第二静触头组件（41）和安装于第二静触头组件（41）上并与调节机构（2）传动连接的第二动触头组件（42），所述的第三分接机构（5）包括固定于基座（1）上的第三静触头组件（51）和安装于第三静触头组件（51）上并与调节机构（2）传动连接的第三动触头组件（52）。

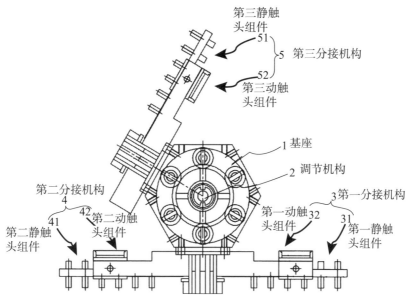

图 1 涉案专利附图

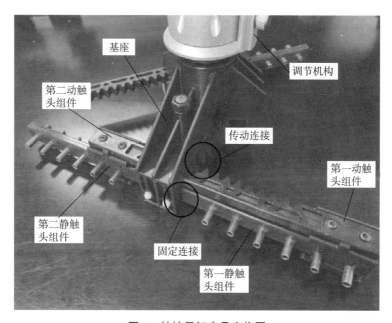

图 2 被控侵权产品实物图

二、技术问题

根据已经查明的事实及双方的控辩意见，该案的技术争议焦点为：

1. 被控侵权产品是否具备涉案专利权利要求 1 中的技术特征"基座"；

2. 权利要求 1 中记载的"第一分接机构（3）、第二分接机构（4）和第三分接机构（5）三者中至少两个分接机构的静触头接线方向一致"是否会造成权利要求保护范围不清楚；

3. 若权利要求 1 保护范围清楚，被控侵权产品的技术特征与涉案专利权利要求 1 中的技术特征是否相同或等同。

三、技术意见

（一）被控侵权产品是否具备涉案专利权利要求 1 中的技术特征"基座"

发明或者实用新型专利权的保护范围以其权利要求的内容为准，说明书和附图可以用于解释权利要求。专利权利要求一般是在说明书和附图公开的实施例的基础上进行的合理概括，实施例仅是权利要求范围内技术方案的示例，是专利申请人认为实现发明或者实用新型的优选方式，专利权的保护范围不应受说明书中公开的具体实施方式的限制。涉案专利的权利要求 1 中限定了"所述的第一分接机构（3）包括固定于基座（1）上的第一静触头组件（31）""第二分接机构（4）包括固定于基座（1）上的第二静触头组件（41）""第三分接机构（5）包括固定于基座（1）上的第三静触头组件（51）"，即目前的权利要求 1 仅限定各分接机构的静触头组件固定于基座上，并未限定静触头组件通过其他部件间接连接于基座，可见静触头组件直接固定于基座已经能够实现涉案专利的发明目的。因此，虽然涉案专利的实施例中介绍了分接机构通过"L"形的支架固定在六边形基座上，但上述设置仅是权利要求范围内技术方案的示例，属于优选方式，并不会影响权利要求的保护范围。经比对，被控侵权产品同样包含一体成型的基座，该基座通过塑料螺丝与各分接机构的静触头组件直接相连，其设置方式与涉案专利所记载的相同。因而被控侵权产品具备涉案专利权利要求1中的技术特征"基座"。

（二）权利要求1中记载的"第一分接机构（3）、第二分接机构（4）和第三分接机构（5）三者中至少两个分接机构的静触头接线方向一致"是否会造成权利要求保护范围不清楚

被告认为涉案专利权利要求1里面限定"三者中至少两个分接机构的静触头接线方向一致"，与说明书第[0044]段记载的"第一分接机构3、第二分接机构4和第三分接机构5上的静触头7应沿同一时针方向顺序接线"表述不一致，造成权利要求范围不清楚。然而，"第一分接机构、第二分接机构和第三分接机构三者中至少两个分接机构的静触头接线方向一致"属于对静触头接线方向的描述，涉案专利中与条形分接开关连接的接线，一端连接分接开关的静触头，另一端连接变压器线圈的分接线，与分接开关静触头连接的接线出线方向由其静触头的放置方向确定，静触头接线方向一致实质上指的是静触头布置方向一致。同理，"第一分接机构3、第二分接机构4和第三分接机构5上的静触头7应沿同一时针方向顺序接线"实质上指的是三个分接机构的静触头沿同一时针方向顺序布置。当其中两个分接机构的静触头在同一条直线上同方向布置时，其也能够与另一方向上的分接机构的静触头构成绕同一时针方向的顺序布置，因此上述两种布置方式的描述并不冲突。因此，该权利要求保护范围清楚。此外，涉案专利附图2、7、9对应的实施例中都公开了第一分接机构、第二分接机构和第三分接机构三者中至少两个分接机构的静触头布置方向一致，即目前的权利要求1实质上是对上述实施例的合理概括，因此也是能够得到说明书支持的。

（三）被控侵权产品与涉案专利的技术特征比对情况

如表1所示，被控侵权产品包含了与涉案专利要求保护的权利要求1的全部技术特征相同的技术特征。

表 1　被控侵权产品与涉案专利技术特征比对

权利要求 1 的技术特征	专利图片	被控侵权产品实物	被控侵权产品是否具备该技术特征（相同/等同/不同）
技术特征 A："一种用于三角立体卷铁心变压器的条形分接开关"			被控侵权产品具备技术特征 A（相同）
技术特征 B："包括基座（1），调节机构（2），第一分接机构（3），第二分接机构（4）和第三分接机构（5），所述的调节机构（2）安装于基座（1）上"			被控侵权产品具备技术特征 B（相同）

续表

权利要求 1 的技术特征	专利图片	被控侵权产品实物	被控侵权产品是否具备该技术特征（相同/等同/不同）
技术特征 C："所述的第一分接机构（3）、第二分接机构（4）和第三分接机构（5）分别分布在同一三角形的三个角上，且第一分接机构（3）、第二分接机构（4）和第三分接机构（5）三者中至少两个分接机构的静触头接线方向一致"			被控侵权产品具备技术特征 C（相同）
技术特征 D："所述的第一分接机构（3）包括固定于基座（1）上的第一静触头组件（31）和安装于第一静触头组件（31）上并与调节机构（2）传动连接的第一动触头组件（32）"			被控侵权产品具备技术特征 D（相同）

189

权利要求 1 的技术特征	专利图片	被控侵权产品实物	被控侵权产品是否具备该技术特征（相同/等同/不同）
技术特征 E："所述的第二分接机构（4）包括固定于基座（1）上的第二静触头组件（41）和安装于第二静触头组件（41）上并与调节机构（2）传动连接的第二动触头组件（42）"			被控侵权产品具备技术特征 E（相同）
技术特征 F："所述的第三分接机构（5）包括固定于基座（1）上的第三静触头组件（51）和安装于第三静触头组件（51）上并与调节机构（2）传动连接的第三动触头组件（52）"			被控侵权产品具备技术特征 F（相同）

（2017）苏05民初543号案件技术咨询意见

一、案件简介

该案涉及发明专利侵权纠纷，原告认为被告产品侵犯了其发明名称为"轴流风轮"（专利号为ZL200710026747.4）的发明专利权，具体涉及权利要求1～3的内容如下：

1. 一种轴流风轮，包括设置在轮毂上的三个叶片，其特征在于叶片的尾缘区域向叶片前缘进气方向凹陷，三个叶片互相以风轮的旋转中心轴线为中心，在120°±15°的范围内呈等间距或不等间距分布；轴流风轮的外直径定义为D2，轮毂直径定义为D1，设定（D2-D1）/2为叶片高度Rm，叶片尾缘凹陷开始的位置A所在圆周直径定义为D3，有（D3-D1）/2 ＝（0.10～0.47）Rm；叶片尾缘凹陷结束的位置B所在圆周直径定义为D4，有（D4-D1）/2 ＝（0.8～1.0）Rm。

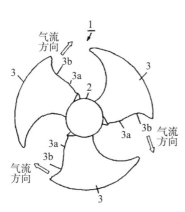

图1　凹陷方向结构示意

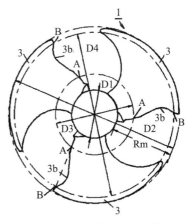

图2　开始位置A、结束位置B结构示意

2. 根据权利要求 1 所述的轴流风轮，其特征在于轴流风轮中，将从叶片尾缘最低位置算起的风轮叶片高度定义为 H2，从叶片尾缘最低位置算起的凹陷部分的最大高度定义为 H1，H1/H2 的值在 0.05 ~ 0.29。

3. 根据权利要求 2 所述的轴流风轮，其特征在于轴流风轮中，将叶片尾缘凹陷最深位置所在的叶片弦线长度定义为 L，该位置凹陷深度沿弦长方向的深度为 δ，凹陷深度 δ 和该区域叶片弦线长度 L 的比 ε = δ/L 在 0.05 ~ 0.25。

二、技术问题

1. 权利要求 1 中关于"叶片的尾缘区域向叶片前缘进气方向凹陷""叶片尾缘凹陷开始的位置 A""叶片尾缘凹陷结束的位置 B"的定义是否清楚；

2. 权利要求 3 中关于"凹陷深度 δ"的定义是否清楚；

3. 权利要求 3 中的"凹陷深度 δ"在产品中具体如何测量。

三、技术意见

（一）权利要求 1 中关于"叶片的尾缘区域向叶片前缘进气方向凹陷""叶片尾缘凹陷开始的位置 A""叶片尾缘凹陷结束的位置 B"的定义是否清楚

本领域中，叶片尾缘常规的形式是类似前缘的结构，除常见的从叶片根部向叶片尖部均匀过渡的形式外，通常还包括两种变形形式，一是叶片根部向叶片尖部均匀过渡曲线向内弯曲凹陷，二是叶片根部向叶片尖部均匀过渡曲线向外弯曲突出。而涉案专利正是前述变形形式的第一种，即"叶片的尾缘区域向叶片前缘进气方向凹陷"。而在叶片设计领域，对应的叶片尾缘凹陷必然存在凹陷起始点和终止点，而该点可以是专利权人定义的位置或明显渐变的位置，这是本领域的常规技术知识，可见权利要求 1 中

"叶片尾缘凹陷开始的位置 A 所在圆周直径定义为 D3，有（D3-D1）/2 =（0.10 ~ 0.47）Rm；叶片尾缘凹陷结束的位置 B 所在圆周直径定义为 D4，有（D4-D1）/2=（0.8 ~ 1.0）Rm"是清楚的。

（二）权利要求 3 中关于"凹陷深度 δ"的定义是否清楚

虽然在本领域中，凹陷深度 δ 通常是指以凹陷起始点和终止点连线为基准线，凹陷最低点到基准线之间的垂直距离（见图 3）。但是，涉案专利的说明书第 3 页最后 1 段至第 4 页第 1 段中明确记载"若定义凹陷开始位置 A 与叶顶尾缘点 f 之间的连线为 k，此时的凹陷深度 δ 是从风轮的旋转中心开始的规定半径 R 的范围画圆时，该圆与凹陷最深位置 e 和连线 k 形成的圆周方向的长度"，可见，涉案专利的说明书已对凹陷深度 δ 进行了定义，其是指从风轮的旋转中心开始的规定半径 R 的范围画圆时，该圆与凹陷最深位置 e 和连线 k 形成的圆周方向的长度。而在确定专利权利要求中使用的已知术语的含义时，如果专利权人在专利说明书中赋予了其特别含义，则将该已知术语解释为该特别含义。因而，涉案专利的权利要求 3 中关于"凹陷深度 δ"的定义是清楚的，即为涉案专利说明书中的定义。

（三）权利要求 3 中的"凹陷深度 δ"在产品中具体如何测量

如前所述，权利要求 3 中的"凹陷深度 δ"的定义是清楚的，且图 3 示出了凹陷结构的具体形态。因此，测量凹陷深度 δ 时，实际上需要明确三个点，即凹陷最深位置 e、凹陷开始位置 A、叶顶尾缘点 f。利用上述三点确定一个平面，再以风轮的旋转中心为圆心，以该圆心到凹陷最深位置 e 的距离为半径 R 画圆，在上述平面上得到的一段圆弧长，即为凹陷深度 δ。该段圆弧起始点为凹陷最深位置 e，终止点为直线 Af 与该圆弧的交点。由于凹陷最深位置 e、凹陷开始位置 A、叶顶尾缘点 f 对于本领域技术人员来说均是清楚的，因此"凹陷深度 δ"在产品中具体如何测量也是明确的。

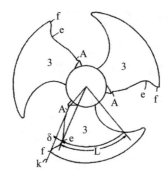

图 3　凹陷深度 δ 结构示意

（2018）苏05知初1211号案件技术咨询意见

一、案件简介

该案涉及实用新型专利侵权纠纷，原告认为被告产品侵害了其发明名称为"一种码垛设备的传送装置"（专利号为 ZL201620238460.2）的实用新型专利权，并主张以涉案专利权利要求1确定专利权的保护范围。其中权利要求1记载为：

1.一种码垛设备的传送装置，包括传送轨道槽（1），其一端为进料端，另一端为出料端，所述进料端邻近输送带系统的输出端设置，所述输送带系统的输送动力由输送电机驱动装置提供，所述传送轨道槽（1）内沿着其设

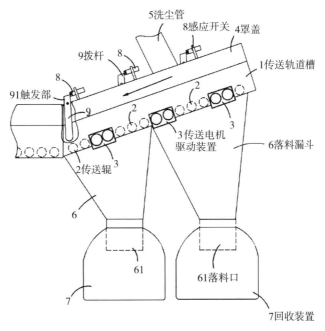

图1 码垛设备的传送装置的结构示意

置方向间隔设置有多个传送辊（2），所述传送辊（2）由设置在所述传送轨道槽（1）外侧部的传送电机驱动装置（3）驱动旋转，其特征在于，所述传送轨道槽（1）侧部沿其设置方向间隔设置有若干个所述传送电机驱动装置（3），每个传送电机驱动装置（3）带动受其驱动的若干传送辊（2）同步转动，还包括沿所述传送轨道槽（1）设置方向间隔设置的若干适于由所述传送轨道槽（1）内对应位置的袋装水泥触发的传感装置，所述各传送电机驱动装置（3）的启停受邻近其且位于靠近所述出料端一侧的传感装置控制，所述输送电机驱动装置启停受设置在传送轨道槽（1）的进料端的传感装置控制。

二、技术问题

经过庭前听证、现场勘验等环节，并结合原被告双方提交的证据和庭审陈述，双方对于被告产品是否具备涉案专利特征 9 和 10 存在技术争议，相关技术问题总结如下。

1. 关于涉案专利特征 9 "所述各传送电机驱动装置（3）的启停受邻近其且位于靠近所述出料端一侧的传感装置控制"应如何理解。

2. 被诉侵权产品与涉案专利的特征 9 的控制方式是否构成相同、等同或不同。

3. 关于涉案专利特征 10 "所述输送电机驱动装置启停受设置在传送轨道槽（1）的进料端的传感装置控制"应如何理解。

4. 被诉侵权产品与涉案专利的特征 10 的控制方式是否构成相同、等同或不同。

三、技术意见

（一）关于涉案专利权利要求 1 记载的"所述各传送电机驱动装置（3）的启停受邻近其且位于靠近所述出料端一侧的传感装置控制"的含义

本领域技术人员能够理解，其对控制各个传送电机驱动装置启停的传感装置的设置位置限定了两个约束条件，一是要与相应的受控传送电机驱动装置邻近，二是要靠近出料端一侧。该表述的本身是清楚的。而且，涉案专利说明书记载："若袋装水泥在传送轨道槽的出料端未及时转移时，停留在出料端的袋装水泥触发传感装置，进而通过传感装置控制上一级电机驱动装置停止转动，进而受该传送电机驱动装置控制的传送辊停止转动，后面各级依次类推，逐级停止传送动作，直至由最靠近进料端上的一个传感装置控制输送电机驱动装置停止转动，当出料端的袋装水泥撤去后，则传感装置因失去触发信号进而控制上级传送电机驱动装置继续运转，从而继续各级传送。"结合说明书的记载，可以得出特征9包含了传送电机驱动装置的停机控制方式和启动控制方式。

具体地，对于特征9的理解如下：各传送电机驱动装置的停机受邻近其且位于靠近出料端一侧的传感装置控制，即当第一个传感装置被触发时，会控制第二个传送电机驱动装置停机，相应传动辊停止转动，进而使得第二个传感装置被触发，然后基于第二个传感装置的触发来控制第三个传送电机驱动装置停机……以此类推，即每一个传送电机驱动装置的停机是基于与其相邻且靠近出料端一侧的传感装置触发后所控制的；而各传送电机驱动装置的启动受邻近其且位于靠近出料端一侧的传感装置控制，即当第一个传感装置失去触发信号而复位后，会控制第二个传送电机驱动装置启动，进而第二个传感装置复位，然后基于第二个传感装置的复位来控制第三个传送电机驱动装置启动……以此类推。并且需要说明的是，上面举例所述的"第一个传感装置"指的是对应的传送轨道槽位置首先被触发的传感装置，并非仅代表传送轨道槽的出料端位置的传感装置。

（二）关于被诉侵权产品与涉案专利的特征9的控制方式是否构成相同、等同或不同

经过现场勘验及对被诉侵权产品的测试，发现被诉侵权产品与涉案专利的特征9，即各传送电机驱动装置的启停控制方式不相同。具体地，被诉侵权产品的各传送电机驱动装置的启停控制，存在两种并行的控制方式，具体如下。

方式一：运料小车控制，即通过控制运料小车在传送轨道槽出料端的进出来控制各传送电机驱动装置的启停。当运料小车位于传送轨道槽出料端时，各传送电机驱动装置正常运转；当运料小车驶离传送轨道槽出料端时，各传送电机驱动装置停止运转。此种控制方式与涉案专利特征9中传感装置的控制方式既不相同，也不等同。

方式二：出现堵塞故障时通过传感装置进行控制，该控制方式与涉案专利特征9中的传感装置控制方式相关，并且对于故障时传感装置启停控制，又具体分为传感装置对传送电机驱动装置的停机控制和启动控制。下面分别对停机控制和启动控制予以说明，并定义传送轨道槽出料端位置的传感装置为"第一个传感装置"，从出料端到进料端依次顺序定义为"第二个传感装置""第三个传感装置"……

（1）对于停机控制。通过现场勘验和测试可知，当第一个传感装置被触发时，会控制后续全部传送电机驱动装置停机。但是，当触发除了第一个传感装置之外的其他传感装置时，并未对其后的传送电机驱动装置带来任何影响，即被诉侵权产品的第二个传感装置至第八个传感装置与后续传送电机驱动装置之间不存在控制关系。可以明确，不是每一个传送电机驱动装置的停机均是受邻近其且位于靠近出料端一侧的传感装置控制。由此可知，被诉侵权产品中的停机控制与涉案专利中的停机控制不相同也不等同。

（2）对于启动控制。通过现场勘验和测试可知，当第一个传感装置被触发时，会控制后续全部传送电机驱动装置停机。但是，当第一个传感装置失去触发信号而复位后，后续停机的传送电机驱动装置并未能重新启动，即第二个传送电机驱动装置并未因为第一个传感装置失去触发信号而恢复运转。因此可以明确，各个传送电机驱动装置的启动并不受临近其且位于靠近出料端一侧的传感装置控制，由于第二个传感装置至第八个传感装置与后续传送电机驱动装置的停机不存在控制关系，从而更不能得出第二个传感装置至第八个传感装置与后续传送电机驱动装置的启动存在控制关系。由此可知，被控侵权产品中的启动控制与涉案专利中的启动控制不相同，也不等同。

至于原告所提出的疑问"当第一个传感装置被触发时，后续的传送电机驱动装置为何不是同时停止，是否代表了其为各传感装置依次触发后的相继控制？第二个传感装置至第八个传感装置如果不是用于控制传送电机驱动装置的启停，那么作用是什么？"根据现象勘验和测试结果，无论各个传送电机驱动装置是同时停机还是顺序停机，可以确定的是，除靠近出料端的第二个传送电机驱动装置外，其后续的各个传送电机驱动装置均不受邻近其且位于靠近出料端一侧的传感装置控制。因此，无论第二个传感装置至第八个传感装置的作用是什么，均不影响被诉侵权产品不具备涉案专利权利要求 1 的技术特征"所述各传送电机驱动装置（3）的启停受邻近且位于靠近所述出料端一侧的传感装置控制"这一结论。

（三）关于涉案专利特征 10 "所述输送电机驱动装置启停受设置在传送轨道槽（1）的进料端的传感装置控制"应如何理解

涉案专利权利要求 1 记载的"所述输送电机驱动装置启停受设置在传送轨道槽（1）的进料端的传感装置控制"对于本领域技术人员来说含义是清楚的，即为设置在传送轨道槽（1）的进料端的传感装置能够控制输送电机驱动装置的启停。

此外，涉案专利说明书记载"所述输送带系统的输送动力由输送电机驱动装置提供，在码垛操作时，若袋装水泥在所述传送轨道槽 1 的出料端未及时转移时，停留在出料端的袋装水泥触发传感装置，进而通过传感装置控制上一级传送电机驱动装置 3 停止转动，进而受该传送电机驱动装置 3 控制的传送辊 2 停止转动，后面各级依次类推，逐级停止传送动作，直至由最靠近进料端上的一个传感装置控制所述输送电机驱动装置停止转动，从而切断后方传送动力，避免发生严重拥堵。当所述出料端的袋装水泥撤去后，则传感装置因失去触发信号进而控制上级所述传送电机驱动装置 3 继续运转，从而继续各级传送，以此来实现袋装水泥在传送轨道槽 1 内的有序传送，避免堵塞"。结合说明书的记载，可以得出特征 10 包含了水泥传送过程中出现堵塞故障时，为输送带系统提供输送动力的输送电机驱动装置的停机控制方式和启动控制方式。具体地，对于特征 10 的理解如下：当传送轨道槽发生堵塞故障时，将由最靠近进料端上的一个传感装置控制输送电机驱动装置停止转动，并且故障解除后，由该传感装置控制输送电机驱动装置的重新运转。这与本领域技术人员阅读涉案专利权利要求 1 "所述输送电机驱动装置启停受设置在传送轨道槽（1）的进料端的传感装置控制"后所理解的含义并无本质差异。

（四）被诉侵权产品与涉案专利的特征 10 的控制方式是否构成相同、等同或不同

经过现场勘验及对被诉侵权产品的测试，发现被诉侵权产品与涉案专利的特征 10，即输送电机驱动装置的启停控制方式不相同。具体地，现场勘验被诉侵权产品时，其在靠近进料端的位置并没有传感装置的设置，并且输送电机驱动装置的启停是通过人工操作控制面板进行的控制，即对于目前的产品而言，实现输送电机驱动装置的启停控制与涉案专利的特征 10 不同。

现场勘验时还发现，在靠近进料端的轨道斜坡上有一个零件被拆除后的部位，企业操作员解释，该部位之前安装过传感装置，但在实际应用时，当出现堵塞故障时，并没有因为该传感装置的设置实现对输送电机驱动装置的良好控制，即不能保证输送电机驱动装置能够真正停止运转，所以后续将其拆除，改为人工操作控制面板的方式。结合操作员的解释，对于在先靠近进料端的轨道斜坡上安装传感装置时的设置，虽然控制效果不好，但也不能否认靠近进料端上的传感装置不能实现控制输送电机驱动装置停止转动，不过对于输送电机驱动装置重启的控制过程，操作员并未指出当故障解除后是由该传感装置控制输送电机驱动装置的重新运转，由于传感装置已被拆除，该情况无法进行现场验证，所以不能明确得出输送电机驱动装置的启动控制方式与靠近进料端上的传感装置有关。

（2019）苏05民初75号案件技术咨询意见

一、案件概况

本文为原告与被告侵害实用新型专利权纠纷案技术咨询意见，具体涉及原告专利CN201721013546.6（一种应用于锂动力电池的探针结构）。具体权利要求内容如下：

1.一种应用于锂动力电池的探针结构，其特征在于：包括第一支撑架、第二支撑架、第一采样铜件、第二采样铜件、第一过流铜件、第二过流铜件、第一销钉和扭簧，所述第一采样铜件和所述第一过流铜件并排绝缘设置于所述第一支撑架，所述第二采样铜件和所述第二过流铜件并排绝缘设置于所述第二支撑架，所述第一采样铜件、所述第一过流铜件、所述第二采样铜件和所述第二过流铜件的端部均焊接有小探针，所述第一支撑架通过所述第一销钉与所述第二支撑架转动连接，所述扭簧套设于所述第一销钉，所述扭簧的一端顶抵于所述第一支撑架，所述扭簧的另一端顶抵于所述第二支撑架。

2.根据权利要求1所述的应用于锂动力电池的探针结构，其特征在于：所述第一支撑架的端部设置有两个间隔排布的第一连接部，所述第二支撑架的端部设置有两个间隔排布的第二连接部，两个所述第一连接部分别与两个所述第二连接部对应。

3.根据权利要求2所述的应用于锂动力电池的探针结构，其特征在于：还包括两个第二销钉和两个滚轮，两个所述滚轮分别通过两个所述第二销钉设置于两个所述第一连接部及两个所述第二连接部之间。

4.根据权利要求1所述的应用于锂动力电池的探针结构，其特征在于：所述第一支撑架和所述第二支撑架均设置有镂空部。

5.根据权利要求1所述的应用于锂动力电池的探针结构，其特征在于：

所述第一支撑架通过注塑成型的方式均与所述第一采样铜件和所述第一过流铜件连接，所述第二支撑架通过注塑成型的方式均与所述第二采样铜件和所述第二过流铜件连接。

6. 根据权利要求1所述的应用于锂动力电池的探针结构，其特征在于：所述第一过流铜件和所述第二过流铜件均设置有间隔槽。

7. 根据权利要求3所述的应用于锂动力电池的探针结构，其特征在于：还包括三个卡环，其中一个所述卡环将所述第一销钉固定，另外两个所述卡环分别将两个第二销钉固定。

8. 根据权利要求3所述的应用于锂动力电池的探针结构，其特征在于：还包括挤压件，所述挤压件的端部呈三角形结构，所述挤压件的端部对应于所述两个滚轮之间的位置。

说明书附图如下：

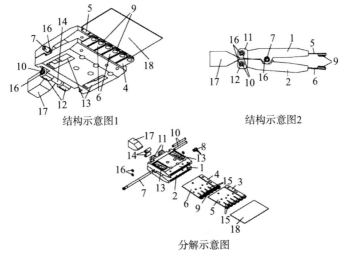

结构示意图1　　　　　　　　　　结构示意图2

分解示意图

图1　说明书附图

1. 第一支撑架, 2. 第二支撑架, 3. 第一采样铜件, 4. 第二采样铜件, 5. 第一过流铜件, 6. 第二过流铜件, 7. 第一销钉, 8. 扭簧, 9. 小探针, 10. 第二销钉, 11. 第一连接部, 12. 第二连接部, 13. 镂空部, 14. 滚轮, 15. 间隔槽, 16. 卡环, 17. 挤压件, 18. 极耳

二、技术问题

1. 本领域技术人员对于"探针"的理解；

2. 原告专利中描述的"小探针"是否清楚；

3. 被告声称自己的产品具有"尖锥触端"，具体是什么？可以对应原告专利的"小探针"结构吗？

4. 原告专利稳定性如何？

5. 被告请求无效原告专利，其新颖性和创造性的评述是否合理？

三、技术意见

（一）本领域技术人员对于"探针"的理解

对于探针的含义，《高温测量中的探针技术》第一章第 1-1 节中描述"探针的原始概念是指一个非金属或金属小针，也是一个作为信号发生器或信号传输器的小探头"。以下是笔者对于电测试领域的探针的一些理解，供法官参考。探针是电测试的接触媒介，为高端精密性电子五金元器件。探针一般一端连接电信号传输部件，另一端与待测物体接触，可以传输电信号；虽然叫"探针"，但它的结构很多，形状不一定是细长的（有可能是弯曲的，有可能长度比较短），其端部也不一定是尖的（有可能是平的，或球形、凸起等）。如图 2 所示的部件，都可以叫做探针。

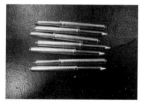

图 2　探针

（二）原告专利中描述的"小探针"是否清楚

《专利法》第二十六条第四款规定："权利要求书应当以说明书为依据，清楚、简要地限定要求专利保护的范围。"

《专利审查指南 2010》第二部分第二章 3.2.2 小节中指出："权利要求中

不得使用含义不确定的用语，如'厚'、'薄'、'强'、'弱'、'高温'、'高压'、'很宽范围'等，除非这种用语在特定技术领域中具有公认的确切含义，如放大器中的'高频'。对没有公认含义的用语，如果可能，应选择说明书中记载的更为精确的措辞替换上述不确定的用语。"

权利要求1中描述了"所述第一采样铜件、所述第一过流铜件、所述第二采样铜件和所述第二过流铜件的端部均焊接有小探针"，涉案专利涉及电池测试设备技术领域，具体涉及一种应用于锂动力电池的探针结构。结合权利要求上下文，该处的"小"是一个相对的概念。（1）该锂动力电池的探针结构实际是一个用于电池测试的夹具，该夹具与电池极耳接触，本身体积就不大，而"小探针"又是位于其第一支撑架的第一采样铜件、第一过流铜件和位于第二支撑架的第二采样铜件和第二过流铜件的端部，且如原告专利说明书第[0027]段和附图3可以看出多个"小探针"可以同时咬合在一个电池极耳上，因此相比于探针领域的其他探针的尺寸，该处的"探针"尺寸是"小"的；（2）本领域技术人员可以确定该小探针的截面积尺寸不会超过这些铜件的宽度，相对于原告专利的整个锂动力电池的探针结构，该探针的尺寸也是"小"的；（3）该"小探针"能焊接在过流铜件和采样铜件的端部并且又能对电池进行准确的电接触测量，本领域技术人员是能够预期其尺寸大小的。因此权利要求1中描述的"小探针"在电池测试设备技术领域具有确定的含义，是清楚的。

（三）被告声称自己的产品具有"尖锥触端"，具体是什么？可以对应原告专利的"小探针"结构吗？

观察被告的产品及查阅对应的专利申请（CN108931740A）的说明书第[0030]～[0045]段、原告专利说明书第[0022]段，可以明确，"尖锥触端"不能对应原告专利的"小探针"结构。实际上被告产品的"过流导电触点33和采样导电触点43"才是对应了原告专利的"小探针"，被告产品过流导电触点33包括过流导电触头331及过流导电柱332，采样导电触点43包括采样导电触头431及采样导电柱432。为了确保触点与电池极耳的有效接触，过流导电触头 331 及采样导电触头 431 的电接触面分别设有若干尖锥触端。因此"若干尖锥触端"是对应了原告专利"小探针"结构上的"端部的凹凸不平的锯齿状"结构（具体参见原告专利说明书第 [0022] 段）。

（四）原告专利稳定性如何？

基于被告提供的证据，原告专利的稳定性分析如下。

（1）对比文件 1（KR10-1118125B1）作为最接近的现有技术，公开了权利要求 1 的大部分特征。然而①对比文件 1 没有公开"第一采样铜件、第二采样铜件、第一过流铜件、第二过流铜件"及其连接设置；②由对比文件 1 说明书第 [0037] 段公开的内容可以确定，带有与二次电池电极接触端部形成多个凹凸形状的突起（46、56）的上、下部接触探针（45、55）和上、下部接触端子（42、52）是一体成型的，并非焊接。因此，对比文件 1 没有公开"所述第一采样铜件、所述第一过流铜件、所述第二采样铜件和所述第二过流铜件的端部均焊接有小探针"（见图 3）。

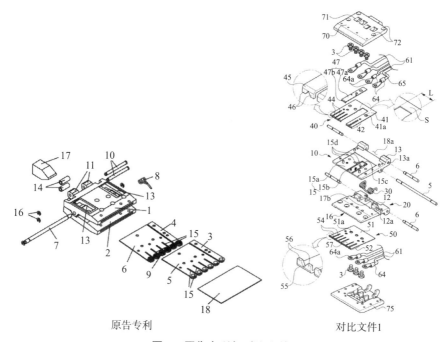

原告专利   对比文件1

图 3　原告专利与对比文件 1

对于①，从对比文件1说明书第[0051]段可以看出，分离型追加接触端子47只构成于上、下部接触电极（40、50）的某一个上，并不是在两个接触电极上部都形成分离型追加接触端子。例如，非分离型追加接触端子57与其他下接触端子52均连接在下部电极底座部51，无法做到并排绝缘设置，即上下部电极最多只有一个是分离的。因此对比文件1中最多是存在三个分离部件，没有公开权利要求1中的四个分离部件"第一采样铜件、第二采样铜件、第一过流铜件、第二过流铜件"。另外，对比文件1（参见说明书第[0053]段）公开了充放电电缆（60）的电压电缆向分离型追加接触端子提供电压，充放电电缆（60）的电流电缆向上、下部接触端子（40、50）中提供电流，而原告专利中对"第一采样铜件、第二采样铜件、第一过流铜件、第二过流铜件"这四个部件的功能没有详细地描述，因此无法确定这些部件中通过的是什么信号、具体起什么作用，因而无法将对比文件1中的上、下部接触端子（40、50）、追加接触端子47和原告专利中"第一采样铜件、第二采样铜件、第一过流铜件、第二过流铜件"中的任一个对应起来，并且由于原告专利中的两个采样部件"第一采样铜件、第二采样铜件"和两个过流部件"第一过流铜件、第二过流铜件"可能存在密切配合的关系，但原告专利中又没有记载它们解决的技术问题和产生的技术效果。以上这些都需要当事人双方在后续的法律程序中予以澄清。如果最后确认原告专利中的"第一采样铜件、第二采样铜件、第一过流铜件、第二过流铜件"及其连接设置不解决任何技术问题，或者虽然解决了技术问题，但有证据表明其属于现有技术/公知常识，则不具备创造性；反之，如果最后确认原告专利中的"第一采样铜件、第二采样铜件、第一过流铜件、第二过流铜件"及其连接设置解决了新的技术问题，并且也没有证据表明其属于现有技术/公知常识，则具备创造性。

对于②，对比文件1中已经公开了上、下部接触探针（45、55）在上、下部接触端子（40、50）的端部一体成型，然而用"焊接"的方式固定探针来代替一体成型的探针是本领域的惯用手段。

（2）权利要求2、4～6的附加技术特征或被对比文件1公开或为公知常识，因此其是否有创造性取决于权利要求 1 是否有创造性。

（3）关于权利要求 3、7 和 8，权利要求 3 中"还包括两个第二销钉和两个滚轮，两个所述滚轮分别通过两个所述第二销钉设置于两个所述第一连接部及两个所述第二连接部之间"这样的结构，可以使得原告专利的结构未使用时是电池极耳插入口张开的结构，通过后部挤压件插入两个滚轮间隙，用力推动两个滚轮，使得第一采样铜件、第一过流铜件与第二采样铜件、第二过流铜件靠拢，小探针咬合电池极耳。而现有技术中的电池极耳夹具 [如提供的对比文件 2（KR10-11-6667B1）公开了按压轴依靠类似气缸的驱动体上下方向同时受力，通过上述受力让第一外壳和第二外壳的前部打开进而形成插入口以能够插入二次电池的电极] 都是和日常用的夹子一样，一开始电池极耳插入口是闭合的，通过在后侧加压来打开前方插入口。因此两者的工作方式是相反的，以目前的证据而言，不能否定该权利要求的创造性。在此基础上，由于权利要求 7、8 引用权利要求 3，限定了卡环结构和控制电池极耳插入口开合的挤压件，同样也具备创造性。因此，以目前的证据而言，不能认为权利要求 3、7 和 8 不具备创造性。

综上所述，对于权利要求 1、2、4 ~ 6，该案的稳定性需要双方当事人在后续的法律程序中对上述问题予以澄清，才能继续判断其是否具备创造性；对于权利要求 3、7 和 8，以目前的证据而言，认为其具备创造性。

（五）被告请求无效原告专利，其新颖性和创造性的评述是否合理？

对于被告提起无效的理由，笔者根据自身对技术问题的理解，做出如下评述，以便法官更好判定涉案专利的稳定性。

（一）第一方面

（1）对比文件 1 没有公开权利要求 1 的"所述第一采样铜件、所述第一过流铜件、所述第二采样铜件和所述第二过流铜件的端部均焊接有小探针"，对比文件 1 中的探针是一体延伸形成，请求人认为这是惯用手段的直接置换，但惯用手段的直接置换是用于抵触申请，评述新颖性的，对比文件 1 并不是抵触申请，此处的评述逻辑有问题。但是被告之后又提到"即使不是惯用手段的直接置换，焊接的连接方式也是公知常识"这一点是可以接受的。

（2）被告认为对比文件1公开了"第一采样铜件、第二采样铜件、第一过流铜件、第二过流铜件"，然而并非如此。从对比文件1说明书第[0051]段可以看出，分离型追加接触端子47只构成于上、下部接触电极（40、50）的某一个上，并不是在两个接触电极上部都形成分离型追加接触端子。例如，非分离型追加接触端子57与其他下接触端子52均连接在下部电极底座部51，无法做到并排绝缘设置，因此上下部电极最多只有一个是分离的。因此对比文件1中最多是存在三个分离部件，没有公开权利要求1中的四个分离部件"第一采样铜件、第二采样铜件、第一过流铜件、第二过流铜件"。另外，对比文件1（参见说明书第[0053]段）公开了充放电电缆（60）的电压电缆向分离型追加接触端子提供电压，充放电电缆（60）的电流电缆向上、下部接触端子（40、50）中提供电流，而原告专利中对"第一采样铜件、第二采样铜件、第一过流铜件、第二过流铜件"这四个部件的功能没有详细地描述，因此无法确定这些部件中通过的是什么信号、具体起什么作用，因而无法将对比文件1中的上、下部接触端子（40、50）、追加接触端子47和原告专利中"第一采样铜件、第二采样铜件、第一过流铜件、第二过流铜件"中的任一个对应起来，并且由于原告专利中的两个采样部件"第一采样铜件、第二采样铜件"和两个过流部件"第一过流铜件、第二过流铜件"可能存在密切配合的关系，但原告专利中又没有记载它们解决的技术问题和产生的技术效果。以上这些都需要当事人双方在后续的法律程序中予以澄清。如果最后确认原告专利中的"第一采样铜件、第二采样铜件、第一过流铜件、第二过流铜件"及其连接设置不解决任何技术问题，或者虽然解决了技术问题，但有证据表明其属于现有技术/公知常识，则不具备创造性；反之，如果最后确认原告专利中的"第一采样铜件、第二采样铜件、第一过流铜件、第二过流铜件"及其连接设置解决了新的技术问题，并且也没有证据表明其属于现有技术/公知常识，则具备创造性。

（3）关于权利要求 3、7 和 8，权利要求 3 中"还包括两个第二销钉和两个滚轮，两个所述滚轮分别通过两个所述第二销钉设置于两个所述第一连接部及两个所述第二连接部之间"这样的结构，可以使得原告专利的结构未使用时是电池极耳插入口张开的结构，通过后部挤压件插入两个滚轮间隙，用力推动两个滚轮，使得第一采样铜件、第一过流铜件与第二采样铜件、第二过流铜件靠拢，小探针咬合电池极耳。而现有技术中的电池极耳夹具 [如提供的对比文件 2 公开了按压轴依靠类似气缸的驱动体上下方向同时受力，通过上述受力让第一外壳和第二外壳的前部打开进而形成插入口以能够插入二次电池的电极] 都是和日常用的夹子一样，一开始电池极耳插入口是闭合的，通过在后侧加压来打开前方插入口。因此两者的工作方式是相反的，以目前的证据而言，不能否定该权利要求的创造性。在此基础上，由于权利要求 7、8 引用权利要求 3，限定了卡环结构和控制电池极耳插入口开合的挤压件，同样也具备创造性。因此，以目前的证据而言，不能认为权利要求 3、7 和 8 不具备创造性。

（二）第二方面

权利要求 1 中描述的"小探针"在电池测试设备技术领域具有确定的含义，是清楚的。

（三）第三方面

（1）将对比文件 3（CN201859156U）作为最接近现有技术，其公开了"如图 1 和图 2 所示，本实用新型的四线法聚合物锂电池夹具包括正、负两个夹子 1，正、负两个夹子 1 可以采用一体式，也可以采用分离式，夹子 1 采用现在通用的技术，它包括相互配合的上夹板 11 和下夹板 12，以及安装上夹板 11 和下夹板 12 的弹簧 13，每一所述上夹板 11 或者每一所述下夹板 12 上设有相互独立的电压端子 21 和电流端子 22（本实用新型仅以下夹板设有相互独立的电压端子和电流端子作说明，上夹板可以依此类推，且电压端子和电流端子是相对的，其位置可以替换，下文同样如此），电压端子 21 和电流端子 22 一般为铜片，当夹子 1 夹持电池极耳时，该夹子的电压端子 21 和电流端子 22 分别相互独立接触电池极耳"。因此,每一所述上夹板 11 或者每一所述下夹板 12 上设有相互独立的电压端子 21 和电流端子 22,是一个并列的关系,要么上夹板要么下夹板,并不能公开上下夹板同时设有相互独立的电压端子和电流端子,因此不能公开权利要求 1 中"第一采样铜件、第二采样铜件、第一过流铜件、第二过流铜件"这四个分离的部分。

(2)被告这里始终没有对权利要求 1 中"焊接"这个技术特征给予评述。但是,本领域技术人员认为它属于公知常识。

(3)关于权利要求 3、7 和 8,权利要求 3 中"还包括两个第二销钉和两个滚轮,两个所述滚轮分别通过两个所述第二销钉设置于两个所述第一连接部及两个所述第二连接部之间"这样的结构,可以使得原告专利的结构未使用时是电池极耳插入口张开的结构,通过后部挤压件插入两个滚轮间隙,用力推动两个滚轮,使得第一采样铜件、第一过流铜件与第二采样铜件、第二过流铜件靠拢,小探针咬合电池极耳。而现有技术中的电池极耳夹具 [如提供的对比文件 2 公开了按压轴依靠类似气缸的驱动体上下方向同时受力,通过上述受力让第一外壳和第二外壳的前部打开进而形成插入口以能够插入二次电池的电极] 都是和日常用的夹子一样,一开始电池极耳插入口是闭合的,通过在后侧加压来打开前方插入口。因此两者的工作方式是相反的,以目前的证据而言,不能否定该权利要求的创造性。在此基础上,由于权利要求 7、8 引用权利要求 3,限定了卡环结构和控制电池极耳插入口开合的挤压件,同样也具备创造性。因此,以目前的证据而言,不能认为权利要求 3、7 和 8 不具备创造性。

(四)第四方面

(1)使用对比文件 4(CN2585426Y)作为最接近的现有技术,在对权利要求 1 的评述里描述了"综上,对比文件 3 公开了涉案专利权 1 的全部技术特征,除'所述第一采样铜件、所述第一过流铜件、所述第二采样铜件和所述第二过流铜件的端部均焊接有小探针'和'第一采样铜件和第二采样铜件不接触、第一过流铜件和第二过流铜件不接触'",此处应该是"对比文件4",非"对比文件3",并且"第一采样铜件和第二采样铜件不接触、第一过流铜件和第二过流铜件不接触"不是权利要求1中限定的技术特征,对于该特征不需要评述。并且接下来还描述了"即对比文件3公开了'第一采样铜件和第二采样铜件接触、第一过流铜件和第二过流铜件接触'的技术特征",这里前后矛盾,不清楚被告要表达的意思。

(2)另外,被告认为对比文件4公开了具有上、下部铜质金属件2和4,分别对应采样电池电压和电流,即公开了具有"第一采样铜件、第二采样铜件、第一过流铜件、第二过流铜件"。实际上对比文件4公开了具有2个铜质上部金属件2和2个铜质下部金属件4,而原告专利中对"第一采样铜件、第二采样铜件、第一过流铜件、第二过流铜件"这四个部件的功能没有详细的描述,这些需要当事人双方在后续的法律程序中予以澄清。如果最后确认原告专利中的"第一采样铜件、第二采样铜件、第一过流铜件、第二过流铜件"及其连接设置不解决任何技术问题,或者虽然解决了技术问题,但有证据表明其属于现有技术/公知常识,则不具备创造性;反之,如果最后确认原告专利中的"第一采样铜件、第二采样铜件、第一过流铜件、第二过流铜件"及其连接设置解决了新的技术问题,并且也没有证据表明其属于现有技术/公知常识,则具备创造性。

(3)被告这里始终没有对权利要求1中"焊接"这个技术特征给予评述。但是,本领域技术人员认为它属于公知常识。

(4)关于权利要求3、7和8,权利要求3中"还包括两个第二销钉和两个滚轮,两个所述滚轮分别通过两个所述第二销钉设置于两个所述第一连接部及两个所述第二连接部之间"这样的结构,可以使得原告专利的结构未使用时是电池极耳插入口张开的结构,通过后部挤压件插入两个滚轮间隙,用力推动两个滚轮,使得第一采样铜件、第一过流铜件与第二采样铜件、第二过流铜件靠拢,小探针咬合电池极耳。而现有技术中的电池极耳夹具[如提供的对比文件2公开了按压轴依靠类似气缸的驱动体上下方向同时受力,通过上述受力让第一外壳和第二外壳的前部打开进而形成插入口以能够插入二次电池的电极]都是和日常用的夹子一样,一开始电池极耳插入口是闭合的,通过在后侧加压来打开前方插入口。因此两者的工作方式是相反的,以目前的证据而言,不能否定该权利要求的创造性。在此基础上,由于权利要求7、8引用权利要求3,限定了卡环结构和控制电池极耳插入口开合的挤压件,同样也具备创造性。因此,以目前的证据而言,不能认为权利要求3、7和8不具备创造性。